Federn haben eine starke Mitte

AF639116

Marta press

Johanna Glaser

Federn haben eine starke Mitte

Aus dem Leben eines Ersatzkindes

Nahaufnahmen

Marta press

Die Deutsche Bibliothek verzeichnet diese Publikation
in der Deutschen Nationalbibliografie.
Detaillierte bibliografische Daten sind im Internet abrufbar unter
http://dnb.d-nb.de

1. Auflage, September 2021.
© 2021 Marta Press, Hamburg, Germany
www.marta-press.de
Alle Rechte vorbehalten.
Kein Teil des Werkes darf in irgendeiner Form (durch Fotografie, Mikrofilm oder andere Verfahren) ohne schriftliche Genehmigung des Verlages reproduziert oder unter Verwendung elektronischer Systeme verarbeitet, vervielfältigt oder verbreitet werden.
Lektorat: Ines Spieker, Marianne Günther.
© Umschlaggestaltung: Andreas Imhof.
Printed in Germany.
ISBN 978-3-968370-15-6

Für Jörg und Jörg

Vorwort

Wenn Sie „Federn haben eine starke Mitte“ gefunden haben, dann haben Sie eine gute Chance, sich selbst zu finden. Besonders, falls Sie ein Ersatzkind sind. Denn Frau Johanna Glaser hat ein Werk geschaffen, das direkt aus dem Grund ihrer Seele jenes Leid offen darlegt, das sie befiel, als sie gezeugt wurde: Johanna sollte Johann ersetzen, den Buben, der tragisch vor den Augen seiner Mutter als Fünfjähriger beim Überqueren einer Straße vor dem elterlichen Hof überfahren worden war. „Ich hatte vier Kinder und wollte wieder vier Kinder“, hatte die Mutter einst gesagt. Ein Unverständnis, eine unsägliche Ferne in der Beziehung war zu beider Leidwesen entstanden.

Es ist ein besonderer Weg, wenn man als Erwachsener erkennt, was einen zeitlebens belastet hat. Dass dieses Buch erschienen ist, legt Zeugnis ab von einem solchen Heilungsweg. Trotz all der destruktiven Momente, und manche können auch immer wiederkehren, ist Frau Glaser der kreativen Stimme gefolgt und hat herzbewegend, ehrlich und authentisch die Schritte ihres Bewusstseinsprozesses uns vorgelegt. Mögen sie vielen Menschen, welche als Ersatzkinder gezeugt, geboren oder gesehen worden sind, als hoffnungsvolle Lichtblicke erscheinen oder als Etappen eines durchaus gangbaren Weges.

Es mutet wie ein Wunder an, denn nur ein paar Monate vor dem Tod der Mutter kamen sich Mutter und Tochter doch noch näher. Frau Glaser fühlte sich endlich von ihrer Mutter wahrgenommen als erwachsene Tochter, welche großes Leid auf sich genommen hatte. Die Mutter gab der

Tochter zu verstehen, dass sie spürte, dass sie Anteil an ihrem Leid hatte. „Das Beste wäre es, du würdest mich mitnehmen zu dieser Frau in die Schweiz …“ Und während der zwei Wochen, die Frau Glaser bei mir in Genf in Therapie war, rief die Mutter sie an: „Ich wünsche dir alles Gute.“ Sätze, die Frau Glaser von ihrer Mutter bis dahin nie gehört hatte.

Seit in Frau Glaser das Wort Ersatzkind aufgetaucht war, fast wie ein Einfall aus dem Unbewussten, blieb sie nahe dran, immer wieder versuchend zu verstehen, was sich denn hinter diesem Syndrom versteckte: Was waren die Verstrickungen in der Bindung zur Mutter, warum diese Zweifel am eigenen Wert, warum bloß war es so schwierig, eine befriedigende Beziehung zu einem Partner aufzubauen? Warum so viele Kontaktabbrüche im Freundeskreis, warum tat sie sich so schwer, einen passenden Beruf für sich zu finden?

Frau Glaser litt zutiefst und war manches Mal am Rande der Verzweiflung und traf zugleich auf die Sympathien von Wissenschaftlern, Analytikern und Therapeuten, die an sie glaubten und sie ermutigten, Stück für Stück sich selbst wieder zu entdecken, sich ein Bild von dem Urgrund ihrer Seele zu machen.

Das Bewusstsein um die Ersatzkind-Problematik ist ein großer Wert, ja lebensfördernd; denn ein solches Bewusstsein verringert das Risiko, dass dieses Leid vom Leidtragenden an andere weitergegeben wird, zum Beispiel über Identifikation oder durch den Mechanismus der Projektion. Und aufgrund der am eigenen Leib erfahrenen Erkenntnisse hat Frau Glaser in vielen Begegnungen und

Gesprächen schon anderen Menschen geholfen, diese Problematik in ihrem Leben zu erkennen.

Möge dieses Buch Augen und Herzen öffnen! Dieses Buch ist zugleich leise in der bescheidenen Art und Weise, wie Frau Glaser ihren Weg beschreibt, sowie ein Triumph des Lebens über den Tod, der einst ihr Leben überschattete. In uns Menschen ist ein lebendiger Geist, der uns inspiriert und anspornt, uns selbst zu finden. Trotz aller Schwierigkeiten und mancher Stunde der Verzweiflung: Nach innen schauen und auf die Seele hören, hat Frau Glaser ihr wahres Selbst wieder entdecken lassen; das ist der Weg vom einstigen Ersatzkind zur Erkenntnis und Wertschätzung des eigenen Lebens.

Kristina Schellinski
Autorin: Individuation for Adult Replacement Children,
Ways of Coming into Being (2019)
Lehranalytikerin und Supervisorin, Genf, Schweiz

Erstes Kapitel

Ginkgo Biloba
Dieses Baums Blatt, der von Osten
Meinem Garten anvertraut,
Gibt geheimen Sinn zu kosten,
Wie's den Wissenden erbaut.
Ist es ein lebendig Wesen,
Das sich in sich selbst getrennt?
Sind es zwei, die sich erlesen,
Dass man sie als eines kennt?
Solche Frage zu erwidern,
Fand ich wohl den rechten Sinn;
Fühlst du nicht an meinen Liedern,
Dass ich eins und doppelt bin?

Johann Wolfgang von Goethe

Dieses Buch habe ich geschrieben, weil ich es als unglaubliche Erleichterung erfahren habe, dass mein Leiden einen Namen hatte.

Bis 2010 dachte ich, ich kann dieses Leben nicht. Andere Menschen können das, ich nicht. Ich dachte, ich wäre unfähig, faul, dumm und undiszipliniert. 2010 habe ich in einer schwarzen Stunde am Küchentisch einen imaginären Brief an die Mutter geschrieben, in einem Atemzug. Einen Tag später dachte ich mir, irgendwie bist du ein Stellvertreterkind, Johann war gestorben, Johanna wurde geboren. Ich habe dieses Wort gegoogelt, kein einziger Treffer.

Plötzlich war das Wort Ersatzkind in meinem Kopf. Bis heute ist es mir unerklärlich, warum plötzlich dieses Wort in mir auftauchte. Ich googelte „Ersatzkind“ und es erschien ein einziger Treffer: „Die Problematik des Ersatzkindes zwischen Wiederauferstehung und Selbst-Geburt“. Vortrag von Frau Kristina Schellinski von 2007 im C.G. Jung-Institut in Freiburg. Ich schickte eine Mail an das Institut mit der Bitte um die Zusendung dieses Vortrages. Frau Schellinski antwortete mir: „Lieber Herr Glaser, anbei mein Vortrag … “ Sie hat mich tatsächlich mit Herr Glaser angesprochen, welche Energien mögen da im Spiel gewesen sein?!

So fing meine Bewusstwerdung an. Der Tag, an dem ich diesen Vortrag über das Ersatzkind las, war mein Geburtstag. Nein, ich bin nicht unfähig, faul, dumm und undiszipliniert. Es bestehen Zusammenhänge, es gibt Gründe für mein So-Sein, für mein Nicht-Sein, für meine Verwirrtheit. Es gibt Gründe, warum ich bis dahin nicht spürte und wusste, wie ich die vergangenen 46 Jahre gelebt hatte, wie ich zu dem wurde, was ich zu diesem Zeitpunkt war. Jeder einzelnen Zeile meines Briefes an die Mutter kann ich mittlerweile wissenschaftliche Beiträge von Kristina Schellinski, Mathias Hirsch, André Green und anderen zuordnen. Zu der Zeit, als ich den Brief schrieb, wusste ich nichts über Ersatzkind-Problematik. Ich kannte noch nicht einmal diesen Begriff und deshalb weiß ich, dass mein Brief wahr ist, weil er aus meiner Seele geflossen und nicht in meinem Kopf entstanden ist. Die ersten Forschungen zu dem Thema gab es nach dem Holocaust. Menschen, die diesen Wahnsinn überlebt hatten, hatten mitnichten ein entspanntes Leben. Sie litten an extremen Schuldgefühlen, überlebt zu haben, der sogenannten survivor's guilt. Oft benannten sie ihre Kinder nach den verstorbenen Familienmitgliedern.

> Es gibt noch ein paar weitere Namensphänomene, die ich diskutieren möchte. Das erste betrifft die Namensgebungspraktiken vieler Holocaust-Überlebender, die nach dem Ende des Zweiten Weltkriegs nach Israel kamen. Die meisten dieser Menschen hatten den größten Teil ihrer Familie, wenn nicht sogar die gesamte Großfamilie, verloren, oft ihre eigenen Ehepartner und Kinder. Viele konnten wieder neues Leben gründen und wie Phönix aus der Asche hervorgehen. Das Dilemma war dann: Wie soll man die neuen Kinder nennen? Dina Vardi zeigt in ihrem bewegenden Buch Memorial Candles, wie Nachkommen der zweiten Generation von Holocaustüberlebenden nach bis zu 24 verstorbenen Verwandten benannt wurden, also eine ganze verlorene Großfamilie wiedergutmachen mussten. In psychologischer Hinsicht gehörte ihnen ihr Leben als zweite Generation nicht selbst, sondern war als Ausgleich für den Verlust der Eltern gedacht, und es gab keine Rechtfertigung für Vergnügen, Spiel oder Spaß. Schlimmer noch, Ungehorsam jeglicher Art wurde auf die Vergangenheit bezogen, wie in dem oft gehörten Satz: „Dafür habe ich Auschwitz überlebt, damit du ...“ Ihre Namen zwangen sie, immer im Schatten von Auschwitz zu leben.[1]

---

[1] Henry Abramovitch, „Naming Traditions and Replacement Phenomena among Jews and in Israel“, 2020. Online unter http://replacementchildforum.com/wp-content/uploads/2020 /11/ Replacement-Names.pdf (28.01.2021; aus dem Englischen von JG).

Diese Überlebensschuld findet man auch bei Ersatzkindern, aber in Deutschland gibt es sehr wenig Literatur zu diesem Thema. Ich wurde immer erschöpfter und müder, ich war es leid, Psychologen, Ärzten und Therapeuten erklären zu müssen, was es bedeutet, Ersatz zu sein, immer mit der Gefahr verbunden, dass sie mich nicht ernst nehmen. Wie oft habe ich in ratlose Gesichter gesehen. Bis ich in das Bezirksklinikum Mainkofen kam. Ich hatte mich dort einweisen lassen, weil ich eine derart unerträgliche Unruhe in mir verspürte, dass ich manchmal dachte, mein Herz macht das nicht mehr mit, ich sterbe an plötzlichem Herztod. Doch dann schickte mir der Himmel Frau Suzanne Drosihn, Bereichsleitende Diplom-Psychologin und Klinische Neuropsychologin. Sie hat mich ernst genommen, hat mich unterstützt, sie hat mich gesehen. Frau Drohsin hat bei der Krankenkasse beantragt, dass ich zu Frau Schellinski zur Behandlung in die Schweiz gehen kann. Kein „Frau Glaser meint, Frau Glaser vermutet…", nein, einfach eine klare Einordnung: Ersatzkindthematik. Die Krankenkasse hat die Finanzierung von zehn Therapiestunden in der Schweiz übernommen.

Bis heute finde ich keine Worte für die Gefühle, die ich in der ersten Stunde bei Frau Schellinski erlebte. Die Zeit dort war sehr intensiv, sehr anstrengend, mit sehr vielen Träumen in der Nacht und natürlich viel zu kurz. Aber wieder wurde ich gesehen in meinem Schmerz, in meiner Verzweiflung und doch auch in meinem Kampfgeist, mein wahres Ich zu finden und herauszuschälen.

Und dann gab es da noch diese Nachricht von Professor Arist von Schlippe, Lehrtherapeut für systemische Therapie an der Universität Witten/Herdecke, der mir so eindrücklich auf eine Mail geantwortet hat, in der ich ihn um Rat gebeten hatte. Diese Mail hat mich besonders ermutigt, meine Geschichte aufzuschreiben:

> Liebe Frau Glaser,
>
> Ihre innere Zerrissenheit klingt in Ihrem Brief an die Mutter sehr deutlich durch. Ihr Mitgefühl mit dem „armen Menschenwürmlein" berührt mich. Es klingt so, als ob es Ihnen gelingt, mit sich selbst Erbarmen zu haben und in der Beziehung, die Sie zu sich selbst haben, ein „mütterliches Gefühl" zu entwickeln, etwas, das Ihnen Ihre Mutter hätte geben können, wenn sie nicht selbst gefangen gewesen wäre. Und dann beeindruckt es mich, dass Sie mit dem Kopf verstehen, in welch verquere Konstellation Sie hineingeboren wurden. Noch bleibt es jedoch eine traurige Geschichte, nein, es wird immer eine traurige Geschichte bleiben, aber Sie erzählen sie (noch) als Defizitgeschichte. Ich denke, wir haben selbst eine Verantwortung dafür, wie wir das, was uns als Schicksal widerfuhr, uns selbst erzählen. Eine traumatische Erfahrung wie die Ihre kann Sie in der Erzählung gefangen halten: „Schau, was ich Schlimmes erlebt habe!" Diese Geschichte ist wahr und Sie haben alles Recht dazu, sie so zu erzählen. Und Sie können sich fragen, wie anders Ihre Geschichte vielleicht klingen würde, wenn Sie sie so erzählen würden: „Schau, was ich überstanden habe!"...
>
> Freundliche Grüße, Arist v. Schlippe

Zweites Kapitel

Der Bauernhof im tiefsten Bayerischen Wald gehörte dem Vater. Eigentlich sollte der ihm gar nicht gehören, sondern seinem Bruder Josef. Der aber war im Zweiten Weltkrieg gestorben, nein, nicht in der Funktion eines Soldaten, sondern an einer Blinddarmentzündung. Er war zu schüchtern, um seinen Vorgesetzten von seinen Beschwerden zu berichten, viel zu spät haben sie mit der Behandlung begonnen. Qualvoll ist er im Lazarett gestorben, noch in Deutschland, im Truppenübungsplatz Grafenwöhr, wo er auf den Krieg vorbereitet wurde. Die Großeltern hatten ihn dort besucht, sie standen im Garten und hörten ihren Sohn schreien vor Schmerzen. Der Großvater besuchte ihn mit dunklen Haaren, mit weißem Haar kehrte er nach Hause zurück.

Soldaten haben den toten Onkel mit 21 Jahren zurück auf den Hof gebracht; er wurde aufgebahrt in der Stube. Der Vater hatte bereits eine Lehrstelle als Schreiner in Passau zugesagt bekommen, die er dann aber nicht antreten konnte. Er musste seinen Bruder Josef ersetzen auf dem Hof. Darüber war er sehr unglücklich, auch seine große Liebe aus dem Dorf durfte er nun nicht mehr heiraten, denn als zukünftiger Bauer heiratet man keine „Häuslerin". Er heiratete dann Maria. Die unglückliche Maria, unglücklich, aber eine Bauerntochter. Sie hat ihn nie geliebt, nie hat sie ihn mit seinem Vornamen angesprochen, hat es immer umgangen, ihn Johann zu nennen. Er war für sie der Mann, der Vater ihrer Kinder, aber nie Johann.

Maria hatte bis zu ihrer Hochzeit ihren kranken Vater gepflegt, der war jetzt gestorben, also wollte sie weg. Sie hatte ihre Pflicht erfüllt, sie hatte ihrem Vater die Frau ersetzt. Viel zu jung war sie, als sie diesen Auftrag angetreten hat. Die Mutter musste sich um die Landwirtschaft kümmern, also kümmerte sich die vernünftige, junge Maria um den Vater.

Im Februar 1954 haben Maria und Johann geheiratet, neun Monate später wurde ihr erster Sohn Josef geboren. Die Großmutter und Johann haben ihm diesen Namen gegeben, Maria wurde nicht gefragt. Im nächsten Jahr wurde ihnen wieder ein Sohn geschenkt, dieser durfte endlich Johann heißen. 1958 wurde ihr dritter Sohn geboren, für ihn hatten sie keinen Namen mehr, erst bei der Taufe in der Kirche sagte der Patenonkel: „Nennen wir ihn doch einfach Alfred.“ 1960 wurde ein Mädchen geboren, Gertraud.

1961. Die Eltern sind mit Leuten aus dem Dorf und dem kleinen Johann bei der Feldarbeit. Der Vater fährt nach getaner Arbeit mit dem Traktor nach Hause. Die Mutter geht mit dem Jungen und den Helfern zu Fuß nach Hause. Hansi sagt: „Mama, schau, wie schnell ich laufen kann. Trag du die Tasche.“ Die Mutter erlaubt es ihm mit den Worten: „Aber du musst an der Straße stehen bleiben, wenn ein Auto kommt.“ Er rennt zur Straße und bleibt stehen, wie die Mutter ihm geheißen hatte, weil ein Lkw kommt. Hinter dem Lkw fährt ein Moped, das kann er nicht sehen und läuft in den Roller. Er hat schwere Verletzungen am Kopf. Die Mutter nimmt den Jungen in die Arme und trägt ihn nach Hause, ihre Schürze trieft vor Blut. Der Vater nimmt ihr ihren gemeinsamen Sohn ab und rennt, nach Hilfe schreiend, mit ihm durch das Dorf: „Mana, Mana, haifts ma …“

Jemand ruft den Arzt, Dr. Rief. Sie legen den Jungen in die Stube. Der Arzt macht nichts weiter, als ihm immer wieder den Kopfverband zu erneuern, bis dieser trocken bleibt. In diesem Moment stirbt auch die Mutter, nicht körperlich, sie atmet weiter, aber sie lebt nicht mehr. Sie hinterlässt einen Mann und drei Kinder, ihre Seele ist bei ihrem toten Sohn. Sie nimmt das tote Kind und setzt sich mit ihm an die Straße, sie schreit um ihrer beider Leben, aber es kommt nicht mehr zurück. Als sie nicht mehr aufhört zu schreien, gibt ihr der Arzt eine Beruhigungsspritze. Sie muss noch ein Verhör mit der Polizei und die Beerdigung überstehen, dann kann sie sich zu ihrem Sohn in den Sarg legen. Ab da wird sie für die Menschen nicht mehr zugänglich sein.

Drittes Kapitel

Ich heiße Johanna Maria Glaser, bin am 28.09.1964 geboren, drei Jahre, nachdem mein Bruder verstorben war. Zitat meiner Mutter: „Ich hatte vier Kinder und ich wollte auch wieder vier.“ Mein Vater wollte kein Kind mehr. Er hat ihr die Schwangerschaft zur Hölle gemacht. Er war erst wieder versöhnt, weil ich ein Mädchen war: Johann(a). Sagt meine Mutter!

Geboren wurde ich zu Hause. Die Mutter meinte, ich wäre eine schwere Geburt gewesen. Ich glaube, ich wollte nicht zur Welt kommen. Sie sagt, das Fruchtwasser wäre schon ganz grün gewesen. Man sagt, das passiert, wenn Säuglinge bei der Geburt Stress haben. Auch die Mutter hatte großen Stress, obwohl es schon ihre fünfte Geburt war. Sie spürte wahrscheinlich, so nahe würde ich ihr nie wieder sein, und wollte mich nicht hergeben.

> Wenn die Mutter jedoch unsicher, narzisstisch verletzbar oder depressiv ist, werden das imaginäre und das reale Baby nicht hinreichend voneinander unterschieden. [Die Mutter] wird dann dazu neigen, das Kind für einen Teil ihres eigenen Körpers und emotionalen Selbst zu halten und es für ihr eigenes Wohlergehen als unentbehrlich anzusehen. [...] Deshalb kann eine solche Mutter nicht zulassen, dass irgendetwas geschieht, was der Trennung oder der Individuation gleichkäme (Hallerstadt-Freud 1933, S.1048) [...] Die Geburt kann in derartigen Fällen eine drohende Trennung, sowohl von der Körpersymbiose mit dem ungeborenen Kind bedeuten [...] Die Geburt kann also als katastrophale Trennung erlebt werden [...][2]

> Das Leben nach dem Tod – die Wiederauferstehung. Das erlebt das Kind, das nach dem Tod eines Geschwisters geboren wird und dem die Rolle übertragen wird, den „anderen" zu ersetzen. Aber dies ist keine paradiesische Ausgangsposition für das Leben des Ersatzkindes, ganz im Gegenteil.[3]

---

[2] Mathias Hirsch, „Schuld und Schuldgefühl. Zur Psychoanalyse von Trauma und Introjekt": Vandenhoeck & Ruprecht, 2007, S. 154f.

[3] Kristina Schellinski, „Die Problematik des Ersatzkindes zwischen Wiederauferstehung und Selbst-Geburt." Vortrag am C. G. Jung-Institut in Freiburg, 2007, S. 1.

Das Ersatzkind, das ein anderes Kind, das gestorben ist, ersetzt, leidet an einer tiefen Selbstwert- und Ichstörung.[4]

Ersatzkind ist, wer nach dem Tod eines anderen Kindes geboren ist und wer – in einem realen Sinne – dessen Platz oder Rolle im Leben einnimmt. (Nach Henry Abramovitch, Tel Aviv.) Strikt definiert wird ein Ersatzkind „gezeugt", um ein anderes „verlorenes" Kind zu „ersetzen".[5]

Maurice Porot, Professor der Psychiatrie an der Universität von Clermont-Ferrand in Frankreich, hat sein Buch „L'enfant de remplacement" in 1993 veröffentlicht. Seit den 1940er-Jahren hatte er mit Kollegen die Auswirkungen der Tuberkulose-Epidemien erforscht und ebenfalls bei den Überlebenden die so typische Überlebensschuld entdeckt. Er schreibt, dass die Funktion des Ersatzkindes es ist, die Eltern über den Tod des Kindes hinwegzutrösten. Die Rolle des Ersatzkindes ist es, einen Toten zu ersetzen, mit dem Ergebnis, dass das eigene Leben mit der Verneinung der Identität beginnt. Ich bin nicht ich. Ich bin der andere, ganz wie in dem Gedicht von Victor Hugo beschrieben.[6]

---

[4] Schellinski, 2007, S. 24.
[5] Schellinski, 2007, S. 2.
[6] Schellinski, 2007, S. 5f.

Frau Schellinski rezitiert Victor Hugo:

Victor Hugo: „Er, der wiederkam“
Oh, Mütter, die ihr trauert,
Eure Rufe, dort oben werden sie erhört.
Gott, der alle entflogenen Vögel in seiner Hand hält,
sendet manch ein Mal die gleiche Taube zurück in’s gleiche Nest.
Oh, Mütter, die Wiege liegt nicht weit vom Grab.
Der Tod kam und stahl ihn wie ein Dieb.
Die Mutter, der Vater, die Trauer
Der schwarze Sarg, mit dem Kopf gegen die Wand,
Die Seufzer aus den tiefsten Tiefen.
Wo Schrei sich Bahn bricht, hört die Sprache auf.
Gebrochenen Herzens harrt die Mutter
Drei Monat lang im Dunkel dieses Schattens.
Kaum vernahm man, was sie erbat: „Gib’ ihn mir wieder!“
Der Arzt, er riet dem Vater: Das tote Kind braucht einen Bruder.
Und mit der Zeit ward wieder Mutter sie,
Als plötzlich, bleich erschrocken, sie gewahr:
„Oh, nein, nicht das, Du wirst es neiden, Du süßes Kind, das Du gefroren im Grabe schläfst, Du würdest glauben, die vergessen mich, dass jemand Deinen Platz Dir nimmt.“
Es kam der Tag und sie gebar. Freudig rief der Vater:
„Ein Junge ist es!“
Doch nur der Vater war voll Freude,
Die Mutter bitter, in den Klauen der Trauer
Dem Andenken des anderen verschrieben,
Murmelt sie vor sich hin
„Mein Engel, der allein im Grab Du schläfst“,

> bis sie vernimmt die Stimme, ah so nah, die spricht aus neugeborenem Munde, hier in ihrem Arm: „Ich bin's – doch sag' es keinem!"[7]

In der Praxis beobachtet Kristina Schellinki:

> Dieses Thema betrifft mehr Patient/innen als die – inzwischen oft erwachsenen – Ersatzkinder per se. In unserer Praxis begegnen wir auch Eltern, die gerade ein Kind verloren haben, oder „Ersatzkindern" der zweiten, dritten, gar vierten Generation, deren Symptome die Umstände der Geburt ihrer Eltern/Vorfahren widerspiegeln. Oder wir begegnen Menschen, die nach einem Schwangerschaftsabbruch gezeugt worden sind und die an ähnlichen Symptomen wie das Ersatzkind leiden können. In diesen Fällen ist es oft noch schwerer, dies zu erkennen, da das Kind ja nicht bewusst „zum Ersatz" gezeugt worden ist. Aber die unbewussten Phantasien (D. Stern) der Eltern für das einst nicht gehabte Kind sind unter Umständen auf das danach erwartete Kind projiziert worden und die neue Schwangerschaft kann altes Leid, zum Beispiel nicht verarbeitete Trauer, neu aktivieren. Sie können sich vorstellen, wie viele Menschen davon betroffen sein könnten![8]

Ich habe noch drei ältere Geschwister, aber ich habe keinen guten Kontakt zu ihnen. Unser Verhältnis ist distanziert, hilflos, sprachlos. Wir waren mehr Rivalen als Ge-

---

[7] Aus: Victor Hugo, „Les Contemplations", Librairie Générale Francaise, 1972, Übersetzung ausgewählter Verse durch KS.
[8] Schellinski, 2007, S. 4.

schwister, wir waren auf der Lauer, das Wenige an emotionaler Zuneigung, das unsere Mutter geben konnte, gierig aufzuschnappen. Da war kein Platz für Solidarität. Spätestens als ich geboren wurde, hatten die älteren Geschwister überhaupt keine Chance mehr. Mutter hatte nur noch mich im Herzen. Haben die Geschwister akzeptiert, dass ich anstelle ihres toten Bruders da bin? Wie sehen sie mich, ich weiß es nicht.

Wie oft habe ich mich geschämt wegen meiner Familie. Meine Familie, in der es kein Durchatmen, keinen Kontakt gab. Und doch hatte ich das Gefühl, die Familie darstellen und verteidigen zu müssen. Es war keine Familie, es waren einzelne Personen, die verzweifelt waren und nicht gelernt hatten, wie Familie funktioniert. Es gab keine gemeinsamen Mahlzeiten, keine Weihnachtsfeiern, keine Geburtstagsfeiern.

> Das Tabu des Geschehenen, sei es ein Todesfall, eine Trennung, ein Konflikt oder was auch immer, und damit das Tabu der Trauer und die Unmöglichkeit zu trauern und sich zu verabschieden, bewirkt nicht nur innerpsychisch, sondern auch zwischen den Menschen Leere, in der Beziehung erstirbt, das Gefühl der Gefühllosigkeit Raum greift, die Glut der Gefühle vereist ist – eine kalte Hölle der eisigen Glut.[9]

---

[9] Udo Baer, Gabriele Frick-Baer, „Vom Trauern des Loslassens“, Beltz, 2019, S. 98.

Die verzweifelte und enttäuschte Sehnsucht nach unserer Mutter hat uns verzweifeln lassen, hat uns verhärten lassen. Wir haben uns zurückgezogen.

Wie mag es meinen Geschwistern ergehen? Wie erleben sie die Sprachlosigkeit in der Familie? Wie mag es ihnen ergangen sein, als ihr Bruder gestorben ist? Gertraud war ein Jahr und sechs Monate, Alfred drei Jahre und fünf Monate und Josef sechs Jahre und neun Monate. Haben sie jemals gesprochen über ihre Ängste, wohin ihr Bruder gegangen ist, warum er nicht mehr da ist? Haben sie akzeptiert, dass ich anstelle ihres Bruders da bin? Wie haben sie den Schmerz der Eltern erlebt – ihre Mutter ist erstarrt in ihrem Schmerz.

Die Nachbarn aus dem Dorf haben erzählt, als man ihr das tote Kind aus den Armen genommen hat, konnte man sehen und spüren, wie sie erstarrte. Die Schürze mit dem Blut ihres Sohnes hat sie lange aufbewahrt, immer wieder versuchten die Frauen, sie dazu zu bewegen, die Schürze zu waschen, vehement hat sie sich dagegen gewehrt. Auch die Geschwister sind erstarrt. Die Mutter hat sie verlassen.

Brief einer Mutter an ihre Kinder:

> Ja, meine Kinder, ich habe Euch verlassen. Ich habe Euch verlassen, weil ich sonst meinen Verstand verloren hätte. Ich habe Hansi umgebracht, weil ich nicht gut auf ihn aufgepasst habe, er war doch noch so klein. Ich musste Euch verlassen, weil ich in jedem Lachen, in jedem Wachsen, in jedem Erfolg von Euch Hansi gesehen hätte und mir immer bewusst geworden wäre, dass ich ihm dieses Wachsen und Werden genommen habe.

Die Anzahl von vier Kindern habe ich durch Johanna wieder vervollständigt. Das äußere Bild habe ich wiederhergestellt, aber meine Seele ist bei Hansi, ich kann ihn doch nicht alleine lassen, er ist doch erst fünf Jahre alt und braucht seine Mutter, Euch habe ich Euch selbst überlassen. Ich funktioniere und verstehe oft nicht, warum Ihr nicht gut seid zu mir, andere Kinder sind doch auch gut zu ihrer Mutter. Ihr lebt doch, ich habe Euch zu essen und zu trinken gegeben, habe Euch zum Zahnarzt und zur Schule geschickt. Warum liebt Ihr Eure Mutter nicht? Lasst mich nicht allein, kümmert Euch um mich! Euren Vater habe ich nie geliebt, er war in meinen Augen ein Versager. Wartet auch Ihr nicht auf meine Liebe, ich kann sie Euch nicht schenken.

Ich denke sehr viel und mache mir sehr viele Gedanken um andere Menschen. Kann mir Zahlen und Geburts- und Jahrestage sehr gut merken, denn dadurch bin ich immer beschäftigt. Es ist leichter zu denken als zu fühlen.

Könnt Ihr Euch vorstellen, wie es ist, das Gefühl zu haben, sein Kind getötet zu haben? Wie soll ich damit leben?

Eure Männer und Frauen kann ich nicht akzeptieren, weil sie Euch von mir wegholen, und ich brauche Euch doch so sehr, sie sind eine Bedrohung für mich. Ohne Euch kann ich nicht leben, dazu reicht meine Kraft nicht aus. Wenn Ihr mich verlasst, sterbe ich. Auch wenn Ihr weit weg geht, verlasst mich nicht.

Diesen Brief hat nicht die Mutter geschrieben, niemals wäre sie dazu in der Lage gewesen. Diesen Brief habe ich verfasst, habe versucht, mich einzufühlen, wie man so einen Zustand aushalten kann, ohne verrückt zu werden. Es sind nicht Mutters Worte, aber vielleicht ihre Gefühle.

Das zentrale Thema in unserer Familie war der psychische Zustand der Mutter. Unser Vater hat ihr früher immer vorgehalten, dass sie mit ihrer Art die Söhne aus dem Hause vertrieben hat, keiner der beiden wollte den Bauernhof übernehmen. Hätte sie in ihrer Wahrnehmung ihren verstorbenen Jungen verraten, wenn sie mit den anderen Söhnen eine gute Beziehung aufgebaut hätte? Konnte sie es nicht ertragen, an ihren Hansi erinnert zu werden, weil sie sich geschämt hat, weil sie sich schuldig gefühlt hat?

Auch ihre männlichen Enkel greift sie ständig an, in den ersten Jahren haben sie so sehr ihre Nähe gesucht, sind aber immer wieder an ihrer Härte abgeprallt. Wenn sie dann gelernt haben, sich zu schützen, indem sie sie ignorieren und gemein zu ihr sind, wundert sie sich und fühlt sich verletzt, weil alle sie schlecht behandeln. Besonders bei ihren Enkeln fällt es auf, aber ich denke, sie verhält sich generell so bei Menschen, die ihr zu nahekommen.

Auch ihre Schwiegerkinder könnten ihr Überlebenskonstrukt ins Schwanken bringen, deshalb müssen sie, sofern sie denn da sind, auf Abstand gehalten werden. Da ihr ihre Verhaltensweisen meiner Ansicht nach natürlich überhaupt nicht bewusst sind, fühlt sie sich ständig als Opfer, weil die Leute, die nicht so wie wir als Kinder von ihr abhängig sind, sich das natürlich nicht gefallen lassen.

Ich habe sehr große Sehnsucht nach der Liebe meiner Mutter, ich verzehre mich nach ihr. Wenn ich ihr so gegenübersitze, meine ich, körperlich Schmerzen zu verspüren, weil sie niemanden an sich ranlässt.

> Eine weitere Folge sei die Unfähigkeit der Überlebenden, sich neuen Objekten zuzuwenden, da die „Besetzung von Repräsentanten früherer Objekte“ (S.1000) aufrechterhalten bleiben müsse. Es „hat sich gezeigt, dass in deren Erleben die verlorenen nur dann unwiderruflich und endgültig verloren gegeben werden, in der inneren Realität erst wirklich sterben, wenn neue Objekte Bedeutung gewinnen“ (S.1000).[10]

An meine Kindheit habe ich so gut wie keine Erinnerungen, nur dass meine Eltern sich immer viel gestritten haben und ich immer viel Angst hatte. Mein Empfinden fing erst bewusst an, als ich eine Ausbildung anfangen sollte, ich war völlig orientierungslos.

> In gewisser Weise muss das lebende das gestorbene Kind ersetzen, es bekommt die Identität eines anderen verschrieben, um nicht zu sagen implantiert, ohne zu wissen, was ihm geschieht.[11]

---

[10] Hirsch, 2007, S. 277. Zitate nach Gubrich-Simitis 1979.

[11] Hirsch, 2007, S. 277.

Viertes Kapitel

Ich war ein sehr hübsches und intelligentes Mädchen, aber ich habe die Schule nach der Mittleren Reife abgebrochen. Einfach so. Ich sagte damals, ich wolle nicht besser als die anderen sein. Heute weiß ich, dass ich nicht besser als meine Mutter sein wollte. Ich wollte sie nicht verraten. Ich habe mich dann durchs Leben geschlängelt, heute weiß ich nicht mehr, wie ich das ausgehalten habe. Immer mit Angst, mit Schuldgefühlen, ohne Orientierung, ohne Struktur, immer unter meinem Niveau, völlig neben meinen Fähigkeiten. Ich weiß nicht mehr, wie ich es all die Jahre ausgehalten habe, mein ganzes Ich so zu unterdrücken und im Zaum zu halten, aber im Prinzip mache ich das auch heute noch.

Ich bin mit Männern zusammen gewesen, die es wert sind, dass man sie vom Fleck weg heiratet, aber ich habe sie nicht an mich herangelassen, sie sind daran verzweifelt. In einer Klinik habe ich einmal einen Vortrag gehört über Menschen, die eine ihnen nahe Person verloren haben, die trauern. Ich bin zusammengebrochen während dieses Vortrages – inmitten des Publikums. Ich habe geweint, geweint und geweint. Die Ärztin hat mich gefragt, ob ich gerade jemanden verloren hätte. Ich war in dieser Klinik, weil es mir sehr, sehr schlecht ging zu dieser Zeit, so schlecht wie nie zuvor. Ich war 35 Jahre und sechs Monate alt, exakt so alt wie meine Mutter, als sie ihren Sohn verlor. Diese Parallele wurde mir erst fast zwanzig Jahre später bewusst.

Ich wurde von einer toten Mutter geboren, nur ihr Körper und ihre Ängste waren noch von dieser Welt. Ein Säugling kann nicht existieren, ohne Gefühle auszutauschen. Deshalb habe ich versucht, sie zu beseelen, bin mit ihr verschmolzen, lebe seit Jahrzehnten ihr Leben. Unbewusst glaube ich, wenn ich mich von meiner Mutter löse, ein eigenständiges Leben führe, töte ich sie. Wer kann und darf schon seine Mutter töten?!

Mathias Hirsch[12] schreibt, dass das Ersatzkind seine Eltern angreifen würde, wenn es sie verlässt, weil sie es doch so notwendig brauchen, um den Tod des verstorbenen Kindes nicht realisieren zu müssen. Deshalb sind u. a. die Schuldgefühle, ein eigenes, selbstbestimmtes Leben zu führen, so groß. Auch schreibt er, dass die Trennung vom Introjekt (bei mir: Hansi), wiederum seinen Tod bringen würde, weil er (der Tod) erst dann realisiert, wahrgehabt werden müsste, weil die Funktion des Überlebenden (meine), bei der Verleugnung zu helfen, wegfiele. In meinem Unterbewusstsein ist es wohl so, dass ich annehme, ich würde zwei Menschen töten, wenn ich meine ureigene Identität lebe. Wer will das schon?! Ich spreche von zwei Seelen, weil mein Vater, der schon verstorben ist, meines Erachtens nicht so viel mit diesem Thema zu tun hat. Sein Lebensmotto war: Leben und leben lassen. – Gerade fällt mir ein: drei Menschen, denn wenn ich meine Mutter töte, töte ich mich selbst, denn wir sind eins. Ich wäre dann sozusagen ein kleiner Amokläufer. Schreckliche Vorstellung, oder?

---

[12] Hirsch, 2007, S. 183.

> Das Dilemma ist: Nicht nur die Unterwerfung lebt das Kind schuldbeladen, denn es akzeptiert den Auftrag, den es nicht erfüllen kann, auch die Rebellion gegen ihn macht Schuldgefühle. Denn die identifikatorische Unterwerfung unter das Introjekt des toten Geschwisters bedeutet, einen Tod zu leben, lebendig tot zu sein …[13]

Lebendig tot zu sein, das war auch mein Auftrag: Geboren werden, um Hansi, um einen Toten zu ersetzen. Tote lieben nicht, sie führen keine Beziehungen, Tote pflücken keine Blumen.

> Das Weggehen wäre meines Erachtens nicht nur sozusagen ein Mord am toten Geschwister, sondern auch ein Angriff auf die Eltern, von denen das überlebende Kind annehmen muss, dass sie die Realisierung des Todes nicht aushalten können, da sie das Ersatzkind so notwendig brauchen. Deshalb sind die Schuldgefühle, ein eigenes, selbstbestimmtes Leben zu führen, so groß.[14]

> Der Komplex der toten Mutter enthüllt sich in der Übertragung. Wenn sich das Subjekt zum ersten Mal beim Analytiker vorstellt, sind die Symptome, über die es klagt, nicht eigentlich depressiver Art. Meist spiegeln diese Symptome ein Scheitern im affektiven Bereich des Liebes- oder Arbeitslebens, einschließlich mehr oder weniger heftiger Konflikte mit seinen Nächsten.[15]

---

[13] Hirsch, 2007, S. 183.
[14] Hirsch, 2007, S. 183.
[15] André Green, „Die tote Mutter. Psychoanalytische Studien zu Lebensnarzissmus und Todesnarzissmus“, Psychosozial-Verlag, 2004, S. 239.

Deutlich ist ein Gefühl von Unfähigkeit: der Unfähigkeit, aus einer Konfliktsituation herauszufinden, zu lieben, Begabungen zu nutzen oder Lebenserfahrungen reifen zu lassen. Selbst wenn dies alles realisiert wurde, verbleibt dennoch eine tiefe Unzufriedenheit über das Ergebnis.[16]

Wenn die engsten Familienangehörigen Verluste erlitten haben, die sie nicht genügend betrauert haben und deshalb eine schwere Depression entwickeln, sind sie psychisch tot, nicht existent … für das Erleben des Kindes.[17]

Nach anfänglichen Reparationsversuchen zieht es schließlich seinerseits die Besetzung von der Mutter ab und identifiziert sich mit der „toten Mutter“, weil diese Identifikation die einzige Möglichkeit der Wiedervereinigung mit der Mutter darstellt. Es wird hinfort damit beschäftigt sein, das Grab der „toten Mutter“ zu nähren und am Leben zu erhalten.[18]

---

[16] Green, 2004, S. 240.
[17] Hirsch, 2007, S. 185, unter Bezug auf Friedrich A. Kittler 1991.
[18] Hirsch 2007, S. 186.

Fünftes Kapitel

Ich war 26 Jahre alt, als mich meine Mutter geschlagen hat. Ich habe zu dieser Zeit kurz bei meinen Eltern gewohnt. Jörg war auf dem Nachbarhof auf Urlaub, ich kannte ihn aus Kindertagen. Er dachte, wir wären zum Skifahren verabredet, ich wusste nichts davon. Und so stand er morgens um neun in Skimontur im Zimmer. Ich hatte noch geschlafen, zum Skifahren war es zu spät und so haben wir den ganzen Tag geredet, den ganzen Tag, es war wunderschön.

Als nachmittags die Polizei bei meinen Eltern anrief, sie hätten mein Portemonnaie auf ihrer Wache liegen, der Wirt des Lokals, in dem Jörg und ich am Tag zuvor gewesen waren, hatte es freundlicherweise dort abgegeben, stürmte meine Mutter völlig aufgelöst in mein Zimmer und hat mich geschlagen. Sie hat mich heftig geschlagen, mich an den Haaren gezogen, mich geohrfeigt und mich als Schlampe und Hure bezeichnet. Ich war zu diesem Zeitpunkt 26 Jahre und Jungfrau.

Sie hat uns als Kinder nicht geschlagen und prüde war sie auch nicht. Als ich sie Jahre später auf dieses Ereignis angesprochen habe, reagierte sie völlig fassungslos: „Du bist wirklich krank und musst dich behandeln lassen. Du hast Wahnvorstellungen. Warum sollte ich meine 26-jährige Tochter schlagen, noch dazu vor Jörg? Meinst du, ich weiß nicht, was sich gehört!? Du musst selber wissen, was du tust. Und wegen des Portemonnaies, das kann doch jedem passieren."

Sie war schockiert, hatte diesen Tag völlig abgespalten. Sie war so überzeugend, dass ich anfangs selber an mir zweifelte.

> Wenn die Eltern nicht trauern können, muss das Kind irgendwo bleiben, es scheint wie ein Geist in der Phantasie von Mutter und Ersatzkind weiter zu existieren. Bei näherer Beschäftigung mit dem Phänomen des Ersatzkindes entsteht das Unheimliche durch unbegreifbare Zusammenhänge und Koinzidenzen völlig voneinander unabhängiger Schicksale verschiedener Menschen, deren Gemeinsames aber ein totes Kind, ein vor ihrer Geburt oder in den ersten Lebensmonaten verstorbenes Geschwister ist.[19]

Egal, was ich machte, nichts war gut. Wie ich mich anzog, welche Frisur ich hatte, welche Freunde ich hatte, was ich las, dass ich las, dass ich in Urlaub fuhr, dass ich eine eigene Wohnung hatte, dass ich für mich kochte. Mach dies nicht, mach jenes nicht. Das lohnt sich nicht, was hast du davon, bleib daheim.

Sie kann sich nicht vorstellen, dass mich wer mag. Noch zu meinem 40. Geburtstag sagte sie zu meiner besten Freundin Barbara, die für das Fest kochte: „Mach doch nicht zu viel, es kommt doch eh keiner.“ Bei einem Fest mit 60 Leuten! Es war ein wunderschönes Fest! Wenn ich früher erwähnte, dass mich jemand mag oder gut leiden kann, machte sie nur hämische Bemerkungen. Sie kann es kaum aushalten, man meint, sie verfällt geradezu in Panik. Freunde hat sie immer schlechtgemacht – wie kann jemand etwas wert sein, der mich mag? Das waren ihre

[19] Hirsch, 2007, S. 175f.

Empfindungen und später dann wahrscheinlich irgendwann meine.

Dabei spüre ich nach wie vor meinen Kern, dass ich umwerfend aussehen kann, dass ich die Menschen beeindrucken kann, wenn es mir gut geht, wenn mein Wesenskern nach außen sichtbar wird. Und doch schaffe ich es immer noch nicht, aus diesem Gefängnis auszubrechen, und dafür verachte ich mich mittlerweile. Ich habe jahrelang Therapie gemacht, Woche für Woche, jahrelang. Über alles haben wir geredet, sexuellen Missbrauch, Borderline, dieses, jenes usw. Bis ich auf das Thema des Ersatzkindes gestoßen bin. Jetzt weiß ich, dass ich an meinem Problem angekommen bin. Tief in mir hatte ich eine Ahnung, dass es einen Zusammenhang gibt zwischen meinen Problemen und dem Tod meines Bruders. Ich hatte den Arzt auch einmal danach gefragt, aber er wollte nicht darauf eingehen. Es war nicht seine Richtung: „Aber Frau Glaser, Sie waren doch noch gar nicht geboren, als Ihr Bruder starb.“ Eben, genau da beginnt nämlich das Leben des Ersatzkindes: nach dem Tod des Geschwisterkindes.

Sechstes Kapitel

Liebe Mutter,

es reicht. Ich habe diese Entwicklung durchschaut. Endlich. Ich habe dir mein Leben geopfert, ich wollte dich retten, aber ich kann es nicht. Hansi ist gestorben, du bist mit ihm gegangen.

Das ist sehr traurig. Ich musste mich mit dir vereinigen, um nicht zu sterben. Ein Baby kann nicht allein sein, auch deine anderen Kinder hätten dich gebraucht, aber du warst nicht mehr für sie da. Jetzt hassen sie dich, sie hassen dich für etwas, wofür du nichts kannst. Das ist wieder sehr traurig. Du musstest mit Hansi sterben, sonst wärst du verrückt geworden. Mitteilen konntest du dich ja nicht. Welch große Schuldgefühle musst du gehabt haben, weil du ihm erlaubt hattest, zur Straße zu laufen. Die anderen Geschwister hassen dich und ich habe immer das Gefühl, dich verteidigen zu müssen. Aber wie soll ich mich denn durchsetzen gegen drei ältere Geschwister?!

Ich habe so viel geopfert, mein Liebesleben, meine Berufung, meinen Körper, nur um dich zu retten. Alles still und leise. Das ist eine zu große Aufgabe für ein kleines Mädchen, später für eine junge Frau. Ich habe gegen mich gekämpft, gegen meinen Körper, gegen mein Leben, um dich aufzurichten. Welch große Anstrengung, immer dagegen zu kämpfen, zu reifen. Ich bin sicher, Hansi hat dir vergeben, er ist im Himmel und ich wünsche euch beiden, dass ihr euch wiedertrefft, um euch in die Arme zu nehmen.

Ich hatte immer das Gefühl, wenn ich etwas sehr gut kann, bin ich besser als du, stehe ich über dir und das wäre doch Verrat an dir gewesen, wo es dir doch immer so schlecht ging. Aber in erster Linie wollte ich wahrscheinlich erst mal mich retten als Baby.

Wir haben uns beide festgehalten, aneinandergeklammert. Du sagtest einmal: „Ich hatte vier Kinder und ich wollte auch wieder vier Kinder." Dadurch, dass du Hansi ersetzt hast oder versucht hast zu ersetzen, wolltest du vielleicht von deinen Schuldgefühlen loskommen. Anstatt zu trauern, wolltest du ihn ersetzen. Das Trauern habe ich dann übernommen, wo soll denn die Energie hin?! Man muss doch trauern dürfen um seinen verlorenen Sohn, man kann doch ein Kind nicht einfach ersetzen durch ein anderes Kind. Welch Bürde für das neue Baby.

Natürlich kannst du mich nicht gehen lassen. Ein weiteres Kind zu verlieren, könntest du nicht ertragen. Und ich bin dir treu geblieben, auch Gertraud, Josef und Alfred sind dir treu. Sie suchen immer noch nach deiner Liebe, die sie nie bekommen werden, weil du nicht lieben kannst. Wer liebt, gibt die Angst auf, auch die Angst zu verlieren. Und du kannst und darfst nicht mehr verlieren, weil du sonst verrückt werden würdest. Du musstest mit Hansi sterben, wie hättest du dir erlauben können zu leben, wenn er sterben muss. Noch dazu hast du dich schuldig gefühlt, du hast ihm erlaubt zu laufen (du hattest Vertrauen zu ihm), du hast zugesehen, wie er getötet worden ist. Du hast zugesehen und er ist gestorben, du hast ihn nicht beschützt. Wie soll man da weiterleben dürfen. Ohne Hilfe zu der damaligen Zeit. Du hast erzählt, erst sei die Polizei gekommen, ob du nicht u. U. die Aufsichtspflicht verletzt hättest, dann der Arzt, der hätte dir eine Spritze gegeben, damit du die Beerdigung überstehst. Und dann war wieder Alltag. Die Nachbarin hat mir erzählt, du wärst mit dem toten Kind auf einem Holzklotz vor dem Haus gesessen und hättest geschrien, dass man es durch das ganze Dorf gehört hat. Und dann kam ich und sollte dich trösten. Ich armes Menschenwürmlein.

Was hatte ich denn für eine Chance gegen ein fünfjähriges Büblein? Was hatte ich für eine Chance gegen ein totes Kind? Ich war die zweite Wahl. Zitat meiner Mutter: „Hansi ist ein Engel, er war noch nicht beschmutzt, er hatte noch nichts mit Frauen." Hansi war fünf Jahre alt bei seinem Tod!!! Hat sie mich deshalb geschlagen, weil ich nicht mehr ihren „Engel" verkörpert habe, als Jörg in meinem Zimmer war?

> Seine „Existenz ist fast ausschließlich als Teil des Versuchs, das verlorene Objekt zurückzuerhalten oder wiederzugewinnen […], zu sehen, und die Beziehung zu ihm wird überschattet vom Bild des verlorenen Kindes.[20]
>
> Auch ist es so, dass „schuldbesetzte, unaussprechbare Wut in dem Ersatzkind erweckt wird, dadurch, dass es andauernd mit dem unbesiegbaren toten Kind verglichen wird." (Cain&Cain, p.448) Das Ersatzkind ist nie so gut, wie das idealisierte, tote Kind gewesen wäre. [21]

Siebentes Kapitel

Nachdem Jörg und ich uns getrennt hatten, hat er mir einen Brief geschrieben, mit so vielen Fragen, Unverständnis und auch Verzweiflung. Erst heute, zwanzig Jahre später, habe ich Antworten gefunden auf dieses große Dilemma.

---

[20] Hirsch, 2007, S. 174.
[21] Schellinski, 2007, S. 6.

Bevor ich mich einer lebendigen Beziehung öffnen konnte, musste ich mich erst auf den Weg machen, mein Selbst zu finden und mit mir eine Beziehung eingehen, mich kennenlernen. Die Art von früher Beziehung, die ich mit meiner Mutter gelernt hatte, machte es mir schwer, ja, lange Zeit fast unmöglich, eine Beziehung zu einem Mann einzugehen. Welch ein Mann kann von diesen innersten Dingen wissen und ein Menschenwürmlein-Ersatzkind verstehen und darauf verständnisvoll liebend und daher heilend eingehen? Das ist auch nicht seine Aufgabe. Mithilfe einer Psychotherapie habe ich mich auf diese Reise zu mir begeben.

Jörg schrieb:

> Ich habe dir einmal eine Zeichnung von meiner fantastischen Theorie über die Lebenssuppe gemacht. Danach ist es nicht erklärlich, wie zwei Menschen zunächst nach einigen Widrigkeiten zueinanderfinden, dann aber wieder abgetrieben werden können.

Wir beide hatten starke Widrigkeiten zu überwinden in unserer Lebenssuppe. Die Mutter, die mich nicht loslassen konnte, die mich so nötig brauchte, um nicht verrückt zu werden. Der tote Bruder, der wie ein Geist in der Familie herumspukte, weil niemand ihn betrauert hatte, weil niemand ihn losließ.

Und trotzdem haben wir beiden uns gefunden, aber ich hatte keine Ahnung vom Leben. In der Symbiose mit der Mutter hatte ich nichts darüber gelernt. Nach außen war ich eine junge, gut aussehende Frau, aber wie hässlich, wie unterlegen habe ich mich dir gegenüber gefühlt. Ich war so schüchtern, wusste nicht, wie es sich anfühlt, gesehen zu werden, gemeint zu sein. Ich habe mich nicht gespürt, nur meine Ängste waren für mich existent. Wie unvorstellbar war es für mich, dass mich jemand liebt, meinetwegen. Ich war mir meiner nicht bewusst, immer bin ich in Verteidigung gegangen und habe so viel kaputt gemacht, bis wir uns liebend verloren haben.

> … Ich lese deinen Brief noch mal und ich muss weinen. Ja, es gibt nichts, was zum Weinen ist. Trotzdem, es liegt wohl an der Jahreszeit. Herbst und Winter waren schon immer die Zeiten, die mir am nächsten standen. Der kühle Wind ist Leben für mich, wenn er durch meine Jacke und mein Hemd auf meiner Haut ein Kribbeln verursacht. Es gefällt mir manchmal, zu frieren. Die Blätter haben eine Farbe, die schöner als alles andere ist. So schön manche Sommer auch sind. Ich denke jedes Mal zum Herbstbeginn hin, das ist meine Jahreszeit. Na ja, sie macht halt manchmal auch traurig und zum Glück auch nachdenklich. Es ist so wichtig, manchmal nachdenklich zu sein …
>
> … „Ich liebe dich“, darf ich wohl nicht sagen, weil ich nicht alles liebe! Es ist vielleicht wie mit dieser kalten Jahreszeit: Ich finde sie manchmal total beschissen und bedrückend, aber es ist meine Jahreszeit. Es gibt keine schönere und sie dringt so tief in mich. Es würde mir nichts ausmachen, in ihr zu erfrieren. Ich kämpfe gern mit ihr, wenn ihr eisiger Wind mich zurückdrängt, wenn er auf der Stirn schmerzt, ich bin dann warm angezogen, da gewinne ich. Sie stimmt mich meistens milde, wenn die Blätter der Bäume in der Sonne leuchten oder wenn der Schnee jeden Lärm dämpft. Es ist

> meine Jahreszeit. Sie ist ehrlich und darum nicht immer gut zu ertragen. Aber nicht deshalb, weil sie meine Schwäche und Winzigkeit zeigt, das ist sehr wichtig für mich, nein, weil sie manchmal einfach nervt. Nur sie kann mich wirklich berühren!
>
> … Da kenn ich jemanden, der irgendwie meiner Lieblingsjahreszeit ähnelt und ich kann mich ihm nicht nähern.

Und das aus gutem Grund, schreibt André Green in seinem Buch „Die tote Mutter“: Der Platz im Zentrum ist durch die Mutter besetzt.[22]

> Es ist, glaube ich, nicht eine Freundschaft, die mich an dich denken lässt. Du hast einen Abdruck in mir hinterlassen, der einfach bleibt und nicht vergeht … Du bist etwas für mich, das ich mit reinen Gefühlen verbinde. Du bist liebevoll. Du empfindest alles tiefer. Es gibt nichts, das dich wirklich kalt lässt. Das nennt man sicherlich Wärme. Deine Wärme habe ich gespürt. Ganz tief. Und ich spüre sie jetzt immer noch in Gedanken. Das Schlechte verfliegt. Übrig bleibt das, was mich immer öfter an dich denken lässt. So eine Wärme werde ich nie wieder spüren …

Gerade habe ich einen Film über Vincent van Gogh, der genau ein Jahr nach dem Tod seines gleichnamigen Bruders geboren wurde, gesehen. In dem Film heißt es: Armer Vincent, Du empfindest alles tiefer ...

---

[22] Green, 2004, S. 245.

> Aber da ist die Angst, dir zu nahe zu kommen. Die Zeit mit dir, so Tag für Tag. Der normale Alltag ist nicht leicht. Manchmal warst du so extrovertiert, ist das richtig? Wie du Dinge angehst, ich würde alles ganz anders machen. Ich bin nicht dein Freund. Ich möchte nicht die Zärtlichkeit, die Wärme und den Regen, der wie Feuer klingt, gegen Dinge eintauschen, die eine Freundschaft ausmachen.

Ich fühle mich wie eine Feder, immer umherschwebend, sehr leicht aus der Ruhe zu bringen. Wenn jemand pustet, verändert sie ihre Lage. Sie hinterlässt keine Spuren, manchmal kitzelt sie jemanden und er niest, aber das war es dann auch. Wenn es regnet, ist sie schnell durchnässt, aber sie trocknet auch wieder, ist nicht leicht kaputt zu kriegen. Sie zittert, wenn sie sich bewegt, hat aber eine starke Mitte. Wenn sie sich mit vielen anderen zusammentut, kann sie gut wärmen.

Als ich das erste Mal mit einem Mann zusammen war, hat er mich mitgenommen auf den Weg in den Himmel. Ich aber bin ausgestiegen vor dem Tor, bin umgekehrt und habe mich nicht mehr mitnehmen lassen auf diese Reise. Anstatt dessen bin ich zu Hause geblieben, habe mir Sorgen gemacht um Ansteckungen, ungewollte Schwangerschaft, um mich und meine Mutter. Sie sollte nicht realisieren, dass sie eine lebendige Tochter hat. Ich wollte ihr den Sohn erhalten. Aber mein guter Körper lässt nicht locker, er sagt mir immer wieder, hier ist deine Weiblichkeit, setz dich mit ihr auseinander. Ich habe mich verleugnet, mich angehalten, aber mein Körper gibt nicht auf, er quält mich weiter.

In ihrer Dissertation zum subjektiven Leidensdruck schreib Maren Karg passenderweise:

> In Zuständen von Schmerz oder andersgearteten Missempfindungen, wie z. B. Hautjucken, erhält der Körper größere Aufmerksamkeit und wird gerade dann als „etwas vom Ich Getrenntes, als Objekt des Ich“ (Hirsch,1989: 1) wahrgenommen. [...]
>
> Unter dieser Voraussetzung formuliert ROHDE-DACHSER(1986: 46) die Notwendigkeit für das Kind, dem die Mutter seine psychische Existenz nicht genügend widerspiegelt, sich einen Spiegel selbst zu schaffen, und zwar „gerade in der Demonstration von Schmerz und Abhängigkeit“... so könnten schmerzhafte Körpersensationen von seelischem Schmerz, wie Angst, Trennungsschmerz, Trauer oder Wut, nur ungenügend differenziert werden, ebenso wenig wie ihr jeweiliger Ursprung: Innen, Außen; Körper oder Mutterobjekt (vgl. HIRSCH, 1989). Kann diese Desomatisierung der Affekte nicht geleistet werden, so kann es dazu kommen, dass der Schmerz instrumentalisiert wird [...].
>
> Ergänzend sei noch erwähnt, dass auch die „Introjektion von Schuldgefühlen“ eine wichtige Rolle im Zusammenhang mit psychogener Schmerzentstehung spielt (Hirsch, 1989: 298) [...].
>
> So wird von einigen Autoren auch dem Pruritis genitalis, der häufig sehr therapieresistent ist [...], ein solcher Mitteilungscharakter unterstellt. Laut

> PRILL(1964) sei der Pruritis der Haut im Vulvabereich Ausdruck starker sexueller Abwehr [...].[23]

> An dieser Stelle ist mindestens eine Quelle des Schuldgefühls wegen sexueller Bedürfnisse zu sehen, da Sexualität immer mit der Entfernung von den familiären Objekten zu tun hat.[24]

Meine Sexualität als Frau, als Johanna, darf nicht sein, weil ich dadurch für meine Mutter nicht mehr ihren Johann verkörpere. Johann war schließlich ein Junge. Mein Körper hat gut verinnerlicht, sich gegen meine eigentliche Sexualität zu wehren, er benutzt den Juckreiz in der Scheide. Mit diesem Mechanismus gebe ich meiner Mutter ihren Sohn zurück.

Eine lebendige Johanna macht meiner Mutter Angst. „Da ist ein lebendiges Mädchen, eine reife Frau, wo um Himmels willen ist mein Sohn, wo ist Hansi? Der ist doch nicht gestorben, ich habe doch nicht getrauert, bei einem Todesfall trauert man doch. Wenn ich nicht in Trauer war, ist auch niemand gestorben."

In den Augen meiner Mutter soll ich der fünfjährige Junge bleiben, den ihr das Schicksal grausam entrissen hat. Sie hat Hansis Tod verleugnet. Um sich der Realität nicht stellen zu müssen, hat sie immer versucht, mich klein zu halten. Meine Identität war nicht gewollt, im Gegenteil, sie

---

[23] Maren Karg, „Subjektiver Leidensdruck, Sexualität und Partnerschaft bei Patientinnen mit Vulvaerkrankungen". Dissertation zur Erlangung des Grades eines Doktors der Medizin: Universität Hamburg, 2003, S. 39-44.

[24] Hirsch, 2007, S. 75.

musste verhindert werden. Und ich habe es fortgeführt, bin nie richtig erwachsen geworden.

Achtes Kapitel

Ganz tief drinnen ist das Band zu meiner Mutter, aber äußerlich sind wir gar nicht verbunden. Mit 19 Jahren bin ich aus dem Elternhaus ausgezogen. Aber ich bin an sie gekettet, an ihren Schmerz, egal, wie weit ich weggehe. Dieser Schmerz lässt mich nicht leben, aber er gehört mir nicht, was habe ich mit ihm zu tun?

Oft träume ich von dem Dorf, in dem meine Mutter geboren wurde, träume sehr intensiv von der Herkunftsfamilie meiner Mutter. Eigentlich müsste ich sie hassen, aber das erlaube ich mir natürlich nicht. Eher verachte ich mich, dass ich das habe mit mir machen lassen, dass ich mir mein Leben habe zerstören lassen. Ich habe keine eigene Familie, habe keine Bildung, habe nichts.

Unbewusst begebe ich mich oft in Situationen, in denen ich das Gefühl habe, jemandem zu schaden. Ich fühle mich dann sehr schuldig, zermartere mir mein Gehirn, wie ich die Situation hätte vermeiden können. „Warum habe ich nicht anders gehandelt? Es war meine Unfähigkeit." Tagelang zerbreche ich mir den Kopf darüber, ob derjenige einen Schaden davongetragen hat, ob er nicht sogar daran stirbt. Vielleicht sprechen meine Mutter und Hansi gleichzeitig aus mir. Mutter: „Wenn ich besser aufgepasst hätte, wäre mein Sohn noch am Leben." Hansi: „Wenn ich besser achtgegeben hätte, wäre der Unfall nicht passiert und ich hätte der Familie Leid erspart."

> Das Phänomen Ersatzkind übt eine eigenartige Faszination aus, und das liegt wohl daran, dass das Introjekt, welches im Kind entsteht, den Charakter des Unheimlichen trägt. Es ist nicht zu greifen, entzieht sich der Analyse, es nimmt einen Raum im Selbst ein, der fremdartig wirkt.[25]

Dieser Zwang zu Schuldgefühlen ...

> Das Ersatzkind leidet an unbewussten Schuldgefühlen (survivor's guilt), weil es lebt und das andere Kind nicht, sowie an Schuldgefühlen aufgrund gegebenenfalls nicht gelöster Trauer bei den Eltern sowie dem Vergleich mit dem idealisierten toten Kind, und schließlich daran, nicht im Wesentlichen das eigene Leben zu leben, nicht sich selbst zu fühlen und zu sein.[26]
>
> Das Ersatzkind ist nie so gut, wie das idealisierte, tote Kind gewesen wäre. Auch dies ist eine Quelle für das Schuldgefühl.[27]

---

[25] Hirsch, 2007, S. 173.
[26] Schellinski, 2007, S. 24.
[27] Schellinski, 2007, S. 6.

Hallo Hansi,

kannst du mir helfen? Wie ist es da oben? Ich sage oben, weil du eigentlich nur im Himmel sein kannst. Nur fünf Sommer durftest du erleben, fünf Sommer und dann bist du gegangen. Schaust du manchmal auf Unterseilberg oder bist du immer dort?

Hattest du Schmerzen, wie du in den Roller gelaufen bist? Ich hoffe, nicht. Was würdest du Alfred und Sepp antworten, wenn sie dich fragen würden, warum du gegangen bist? Ich glaube schon, dass sie dich vermissen. Die beiden verstehen sich nicht gut, sie sind beide verletzt.

Ich weiß es nicht, aber wahrscheinlich haben sie in der Familie nie über deinen Tod gesprochen. War etwas Besonderes zu der Zeit, als du gegangen bist. Hattet ihr Streit? Drei Brüder streiten doch immer.

Deine Schwester Johanna

Ich weiß und spüre, dass ich die Trauer um unseren Bruder in mir trage und alles tue, um die Mutter vor dieser Trauer zu schützen. Zwar gehört mir diese Trauer nicht, aber ich hüte sie. Ich nehme in Kauf, dass ich fremdbestimmt bin, und lasse mich ständig erniedrigen durch mich und andere, weil meine wahre Identität nicht gereift und nach außen sichtbar ist. Die anderen Menschen sind verwirrt, weil sie es mit mehreren Identitäten zu tun haben, mit Johanna, mit meiner Mutter und mit Hansi. Ich heiße Johanna Maria, mein Bruder hat Johann geheißen, meine Mutter heißt Maria. Auch ich bin verwirrt, weil auch ich diese Programme oft nicht differenzieren kann. Mein Leben spielt sozusagen im Jetzt, in den Sechzigerjahren, in meiner Herkunftsfamilie, in einem Grab, im Kindes-, im Erwachsenen- und im Rentenalter.

Ich bin Mutter, kinderlos, Großmutter, Single, Witwe, großer Bruder, kleine Schwester. Ich fühle mich wie in einem Gefängnis, meine Muster kreisen in mir, machen mich aus und doch kann ich sie anderen Menschen nicht vermitteln. Ich sollte Vergangenheit sein, woher sollte ich die Kraft und Energie beziehen, nach vorne zu schauen? Mir ist bewusst, dass sich meine Worte sehr psychotisch anhören, aber ich bin nicht psychotisch, sondern so klar wie nie zuvor in meinem Leben.

> Derart traumatisierte Kinder tendieren dazu, auf der Suche nach einem Begreifen in ihren aktuellen Objektbeziehungen das unverstandene traumatische Erbe zu reaktualisieren und dabei die transgenerational vermittelte Traumatisierung zu wiederholen. Die im eignen Seelenleben eingekapselte, unverstandene Realität der Eltern bestimmt das Erleben der eigenen Gegenwart, die durch die traumatischen Erfahrungen der Eltern erschüttert scheint. Die Kinder leben so in zwei Realitäten, der eigenen und der der Eltern, und in zwei Zeiten, der in ihnen am Leben gehaltenen Vergangenheit der Eltern, sowie der eigenen Gegenwart. Die ist häufig verbunden mit dem Wunsch, die introjizierten überwältigenden Gefühle zu externalisieren. Unbewusst tendieren diese Kinder dazu, die erlebten Grenzverletzungen mit ihren aktuellen Objekten zu wiederholen, was zu gravierenden Beziehungsstörungen führt. Der Zusammenhang […] wird sensibel von Chasseguet-Smirgel beschrieben:

> „Ihr Verhalten gehorcht einem Zwang, der ihnen nicht bewusst ist (…) Das Unbewusste dieser Patienten, das belagert, überfallen, besetzt wurde, beginnt nun seinerseits zu töten, zu verletzen und zu verstümmeln. Meist wendet es sich jedoch gegen die Subjekte selbst. Beziehungen fallen auseinander, Liebe wird unmöglich, Glück ist verboten." (Chasseguet-Smirgel, 1998, S. 16)[28]

Wo ist MEINE Seele, mein ureigener Kern, MEIN Leben? Ich bin doch Johanna, ich bin weder meine Mutter noch Johann.

Neuntes Kapitel

Ich hatte einen Traum: Ich pflege die gebrechliche Mutter, dabei will ich ihr eine schöne Geschichte erzählen. Ich möchte ihre Lebensgeschichte erzählen, da sagt sie plötzlich: „Diesen Schmarrn will ich nicht hören." Daraufhin fällt mir nichts mehr ein, bin wie gehemmt, wie blockiert, kenne keine anderen Geschichten.

---

[28] Marianne Rauwald, Ilka Quindeau, 2013: „Mechanismen der transgenerationalen Weitergabe elterlicher Traumatisierungen." In: Marianne Rauwald (Hrsg.): „Vererbte Wunden. Transgenerationale Weitergabe traumatischer Erfahrungen", S. 68-73. Beltz, 2013, S. 70. Zitat aus Janine Chasseguet-Smirgel „Vorwort". In: Ilany Kogan: „Der stumme Schrei der Kinder: Die zweite Generation der Holocaust-Opfer", S. 14-18, S. Fischer, 1998.

Was soll ich schreiben? Dass ich wieder einmal hoffnungslos feststecke, dass ich es einfach nicht begreifen kann. Was hält mich fest, was macht mir Angst? Ich habe das Gefühl, ich lebe schon zu lange in diesem Zustand, um ihn noch ändern zu können. Ich lebe in einem Vakuum, ich spüre meine Kraft, meine Ressourcen und doch funktioniere ich nur, mal besser, mal schlechter, aber ich funktioniere nur.

Wie stelle ich mir denn leben vor? Auf jeden Fall im Austausch mit Menschen und zwar einem echten Austausch, einem Geben und Nehmen. Ich möchte meine Sexualität genießen können, ohne Zweifel und Schuldgefühle, einen Mann an meiner Seite haben und spüren können. Ich möchte eine Arbeit machen, die mich und meine Fähigkeiten würdigt und herausfordert. Ich möchte gerne als Johanna leben und nicht als Johann, möchte mich spüren, möchte mich trauen zu leben.

Ich möchte gerne meine Schuldgefühle dort ablegen, wo sie hingehören. Ich habe immer sehr stark das Bedürfnis zu schlafen, zu fliehen, dem Alltag, der nicht gut gefüllt ist, zu entrinnen. Der Schlaf vertreibt die Leere, auch meine Mutter macht es so. Dieses unnatürliche Schlafbedürfnis würde ich gerne gegen einen strukturierten Alltag eintauschen. Ich möchte mich trauen, wirkliche Nähe zuzulassen, nicht nur sexuell, sondern auch im Umgang mit meinen Verwandten, meinen Freunden. Ich würde gerne meine alte Mutter loslassen, mich trauen, ihre Geschichte bei ihr abzulegen, möchte nicht mehr das Gefühl haben, sie beschützen zu müssen und doch ihre Nähe nicht ertragen zu können. Ich möchte mich trauen, ihr zu zeigen: Du

hast eine lebendige Tochter, ich bin nicht dein Sohn, der ist gestorben.
Dann möchte ich mich gerne noch trauen, mir die ersten 14 Jahre meines Lebens anzuschauen – nur so viel, wie ich aushalten kann –, die sind nämlich aus meinem Gedächtnis verschwunden. Wieso, weiß ich nicht.

Ich habe gerade eine ausländische Familie auf einem Hof in München beobachtet. Mei, wie schön muss Familie sein. Zwei entzückende kleine Mädchen, die eine zickt rum, die andere rollt unermüdlich einen altmodischen Trolley über den Hof, in der einen Hand den Trolley, in der anderen ein Eimerchen mit Straßenmalkreide. Plötzlich kommt sie auf die Idee, den kleinen Eimer im Trolley zu verstauen, was sie dann auch ganz souverän meistert. Der Opa kommt ihr mit herzerweichendem Gleichmut entgegen und schließt den Reißverschluss. Die Oma küsst und herzt die Mädchen, da muss ich an meine Mutter denken.

Meine arme Mutter. Meine schon zu Lebzeiten zum Tode verurteilte Mutter. Diese, wie André Green sie nennt, TOTE MUTTER konnte uns kein Leben vermitteln, wir konnten erst versuchen zu leben, als wir selbstständig wurden, deshalb vielleicht auch diese große, nicht erinnerbare Lebenslücke. Wie hat sie es geschafft, so alt zu werden? Wie kann sie so sehr am Leben hängen? Jede kleinste Veränderung an ihrem Körper macht ihr Angst. Sie hat große Angst, zu sterben. Sie ist oft zynisch, grausam, ungerecht. Menschen, die sie aus irgendeinem Grund nicht mag, werden mit Blicken und Worten vernichtet. Alfred hat ihr seinen Sohn, ihren Enkel vorgestellt, er war zu diesem Zeitpunkt schon drei Jahre alt. Kein Wort, keine Geste der Zuwendung, nichts. Mein Bruder fragte noch: „Hast du nicht einen entzückenden Enkel?“ Die Antwort war Schweigen.

Josef, mein großer Bruder.
Zehn Jahre warst du alt, als ich geboren wurde. Du könntest mir so viel erzählen, sogar vom Unfall könntest du mir erzählen, aber du machst es nicht, du bist verstummt. Ich habe große Angst vor dir, deshalb traue ich mich auch nicht, dir Fragen zu stellen. Hast du jemals über den Tod von Hansi sprechen dürfen? Eigentlich könntest du der Schlüssel zu meinen verschütteten Erinnerungen sein, aber wir haben nicht gelernt, miteinander zu reden. Oder hat mein “mich nicht erinnern können“ vielleicht sogar etwas mit dir zu tun?
Zehn Jahre warst du alt, ein kleiner Junge, der sich um seine noch kleinere Schwester kümmern musste, eigentlich müsste man meinen, gerade da wäre die Bindung besonders innig. Es gibt ein Foto von uns vier Geschwistern, ein einziges. Wie stolz, mit welch großen Augen hältst du mich in deinen Armen! Was bist du für ein schöner Junge gewesen, wunderschön und intelligent siehst du aus auf dem Bild. Ich vermisse dich sehr, wir müssen uns doch sehr nahe gewesen sein, wahrscheinlich hatte ich nur dich und dann bist du mir aus irgendeinem Grund verloren gegangen.
Ich war dann ganz allein, ich hätte doch irgendjemanden gebraucht. Warum sprechen wir nicht einfach miteinander, was ist so schwer daran? Ich kann mich daran erinnern, dass du mir manchmal mit deiner Hand die Nase plattgedrückt hast, das hat sehr wehgetan, warum hast du das gemacht? Was hat dich verstummen lassen, was habe ich dir getan, was hat dich so verletzt? Heute bist du herzkrank, was hat dir das Herz gebrochen? Es ist mir

> zu viel, mir über alles Gedanken machen zu müssen, mir ganz allein dieses Puzzle meines Lebens zusammenbauen zu müssen. Ich bräuchte deine Hilfe. Im Nichts lässt sich nicht leben, deshalb muss ich mir Zusammenhänge erarbeiten, um mir ein erträgliches Leben zu formen. Mit euch Geschwistern wäre das einfacher, aber ihr gebt mir das Gefühl, nicht eure Schwester zu sein. Ich weiß, dass man euch nie erlaubt hat, eure Gefühle zu spüren, wie kann ich da erwarten, dass ihr es für mich macht, um mir auf meinem Weg zu helfen.

Was ich im Brief an meinen Bruder geschrieben habe, formuliert John Bradshaw allgemeiner, objektiver so:

> Oft denkt die Familie, dass das, was Sie machen, töricht ist, und verspottet Sie. Oft fühlt sie sich durch das, was Sie machen, bedroht. Denn wenn Sie die starren Familienrollen aufgeben, zerstören Sie das eingefahrene Gleichgewicht des Familiensystems. Man hat Ihnen früher nie erlaubt, Sie selbst zu sein. Warum sollte man jetzt auf einmal damit beginnen?![29]

Sehr oft fühle ich mich sehr einsam. Ich beneide die anderen Menschen nicht, kenne nicht ihre Ängste und Sorgen, weiß nicht, ob nicht auch Menschen in Partnerbeziehungen sehr einsam sein können.

Ich vergleiche mich nicht mit anderen und denke nicht, mir geht es schlechter als ihnen. Es ist mein ureigenes Gefühl, diesen Panzer nicht sprengen zu können, der mich von einem erfüllenden Leben fernhält. Es ist diese innere

[29] John Bradshaw, „Das Kind in uns. Wie finde ich zu mir selbst?“, Knaur, 2000, S. 282.

Feder, die ich nicht springen lasse, diese unsichtbare Hand, die mich am Genick festhält, in Form von Ängsten, Zweifeln, Schuldgefühlen, Zittern, Juckreiz in der Scheide. Manchmal denke ich, ich führe Krieg gegen meinen Körper. Wer ist der Gewinner bei diesem Drama, was würde passieren, wenn ich mich befreien könnte, was würde sich für meine Mutter ändern, was würde in ihrer Seele passieren. Ich weiß es noch nicht.

> „Jede(r) meiner Patient/innen erkannte und benannte dieses tiefe Gefühl der existentiellen Einsamkeit.“[30]

Zehntes Kapitel

Mein Gefühl einer Heilung … Heilung ist nicht das passende Wort, ich bin nicht krank, in meinem Wesen bin ich sehr gesund, mein Gefühl einer Selbstwerdung ist ein banales. Ich stelle es mir vor wie eine Wursthaut, die platzt, und dann bin ich frei. Es ist alles vorhanden, alles Weiche kommt nach außen und öffnet sich. Der Druck ist weg. Ich bin frei!

Aber ich gestatte mir nicht, frei zu sein. Ich bin eine erwachsene Frau und lebe das Leben eines kleinen Mädchens. Dieses Mädchen, das wiederum in der Kindheit kein Mädchen sein durfte, weil es sich um das Seelenleben

[30] Schellinski, 2007, S. 16.

der Mutter kümmern musste. Das Leben einer erwachsenen Frau beinhaltet aber auch Verantwortung und vor Verantwortung drücke ich mich sehr oft durch Unstrukturiertsein, durch Rückzug.

Momentan fällt es mir schwer zu schreiben, aber ich will DIESES Leben nicht mehr. Ich habe zu lange auf zu vieles verzichtet.

Wer bin ich? Ich bin nicht Hansi, ich bin Johanna. Ich möchte nicht weiter als Johann leben, sondern als Johanna gesehen und gespürt werden. Johanna soll mir in Fleisch und Blut, in die Seele übergehen. Ich habe mir etwas überlegt: Ich werde mir etwas zum Anziehen schneidern lassen, individuell nur für mich, etwas Feminines, maßgeschneidert für mich als Johanna, etwas, das keinem anderen passt.

> Im psychologischen Sinne liegt meines Erachtens die Hoffnung auf Befreiung des Ersatzkindes von seinem Leid in der Entdeckung des Selbst, mit der die Seele das eigentliche Leben rekreiert. Diese Entdeckung des Selbst kann als seelische Auferstehung oder Wiedergeburt erlebt werden, wobei ich das Wort Selbst-Geburt vorziehe, also die eigentliche Geburt des eigenen, einst verschollenen, überdeckten Selbst, in Abgrenzung von der eingangs erwähnten Auferstehung des anderen, des toten Kindes.[31]

Ich träume oft von Wohnungen, die sehr groß sind, die sehr viele Zimmer haben, die ich gar nicht alle nutze. Sie sind oft sehr schmutzig, verlebt, es stehen fremde Sachen herum, die sehr verstaubt und altmodisch sind. Aber die

[31] Schellinski, 2007, S. 12f.

Wohnungen an sich sind sehr, sehr geräumig, sie müssten nur entrümpelt und renoviert werden. Meistens ist die Küche sehr vollgestellt und ich nutze sie fast gar nicht. Oft gibt es auch zwei Küchen. Eine davon ist besser ausgestattet, aber überfüllt und schmuddelig, voll mit veralteten, unbrauchbaren Dingen.

Für mich symbolisiert dieser Traum mein Ich. Mein Ich ist groß, ist geräumig, oft ungenutzt, aber mit viel Potenzial. Ich sollte meine Seele entrümpeln von alten, unbrauchbaren Angelegenheiten, die nicht mir gehören. Dann hätte ich einen schönen, großen, unkonventionellen Seelenwohnraum.

Auch diese beiden Küchen wollen mir etwas sagen. Mein Traum ist es, Menschen mit guten, bodenständigen Speisen zu erfreuen, die sie sich auch leisten können. Mir fehlt die Übung im Kochen, aber ich spüre, ich kann es, es liegt mir und es macht mich glücklich, wenn Menschen mein Essen schmeckt.

Wenn man Leuten von diesem Problem erzählt, sagen sie: „Man kann nicht alles auf eine schlechte Kindheit schieben, irgendwann ist es genug“, oder „Das ist doch so lange her, du bist doch jetzt erwachsen!“

Was soll ich ihnen antworten!?

Vielleicht: „Aber warum komme ich dann nicht heraus aus diesem Dilemma? … Wahrscheinlich, weil ich zu faul bin, zu träge, zu schwach.“

Sie sagen auch gerne: „Leb doch einfach, geh hinaus, mach etwas.“

Und ich kann ihnen nicht widersprechen, kann ihnen nicht erklären, dass meine Scheide brennt wie Feuer, wenn ich mal wieder das Gefühl habe, etwas Schönes gemacht zu haben, oder wenn mir mal wieder alles zu eng wird.

Dass mein Körper so oft rebelliert, dass er so ausgefeilt auf mein Empfinden reagiert, dass ich ihm mit meinem Kopf gar nicht so schnell folgen kann. Kann ich ihnen das sagen? Werden sie das verstehen?

Kein denkender und fühlender Mensch würde auf die Idee kommen, einem organisch kranken Menschen, bei dem eine Behandlung nicht angeschlagen hat, zu sagen, er solle doch jetzt einfach gesund sein, er kenne doch jetzt seine Erkrankung. – Und da ist es wieder, dieses Nichtreflektieren meines Gegenübers, und ich werde hineingezogen in diesen Sog, diese Energie. Und lasse es zu. Ich weiß, dass es ein schweres Thema ist, ein Ersatzkind zu sein. Es ist ein Leben, wo Leben und Tod sich vereinen.

> Normalerweise, hier auf Erden, erlebt der Mensch den Tod nach dem Leben. Hier ist es andersherum: Das Leben beginnt nach dem Tod. Die Seele des Ersatzkindes trägt den Stempel des Todes seit Anbeginn des Lebens in sich, oft schon in utero, aber ebenso die Möglichkeit der seelischen und körperlichen Erfahrung der Auferstehung einer Selbstgeburt in das eigene Leben. Dafür jedoch bedarf es der Bewusstwerdung und oft eines Reifungsprozesses, der die Tore von Himmel und Hölle schon hier auf Erden durchschreitet.[32]

Menschen reden nicht gerne über den Tod. Auch die tote Mutter reflektiert nicht, sie ist damit beschäftigt zu überleben, versucht, ihren Schmerz zu unterdrücken. Und ich

---

[32] Schellinski, 200, S. 4.

bleibe alleine zurück und fühle mich schuldig, weil ich mir mein Leben schuldig bleibe.

> Das Phänomen des Ersatzkindes ist der überzeugende Beweis, dass im Kind psychische Gebilde zu entstehen vermögen, an denen es selbst und seine Triebe nicht mitgewirkt haben können, da ein Ereignis vor der Existenz des Kindes wirksam wurde. Das Kind ist „unschuldig“; und doch fühlt es sich schuldig – jedes Introjekt macht Schuldgefühle.[33]

Wenn ich die Zeilen in der Literatur richtig verstehe, habe ich als Ersatzkind fast keine Chancen, ein einigermaßen normales Leben zu führen.

> Die Rebellion ist die eine Kraft, die sozusagen übermenschlich groß sein muss, um das lebensbedrohliche Introjekt zu besiegen, wie wir es in der Kraft großer Künstler vermuten. Aber selbst dann wird der Sieg nie ein vollständiger sein, denn immer wieder wird sich eine andere Kraft erheben, die des Introjekts, der Zuschreibung, die keine andere Identität erlaubt.[34]

Aber ich habe keine übermenschlichen Kräfte!

---

[33] Hirsch, 2007, S. 173.
[34] Hirsch, 2007, S. 179f.

Elftes Kapitel

Ein neuer Traum: Ich wollte auf einem Surfbrett ins Ausland fliegen, es hat nicht geklappt, ich wurde abgetrieben und habe nicht mehr nach Hause gefunden. Als sie mich aufgelesen haben, hatte ich keinerlei Identität, ich wusste bis zu diesem Tag nichts über mich. Sie legten mir eine Nadel für eine Infusion und wollten mich in die Psychiatrie bringen. Da kamen meine Schwester und meine Mutter und haben mich zu sich nach Hause geholt. Meine Mutter hatte ein Geschenk dabei.

Was soll ich machen? Auf den Tod warten, ihn vorzeitig herbeiführen. Soll der Mensch wirklich so unfrei sein? Wer bestimmt, in welche Familie ich hineingeboren werde? Wer ist der Schaffer dieser anscheinend so aussichtslosen Existenz. Wenn ich keine Aussicht auf Heilung habe in meiner Situation, warum soll ich mich dann weiter quälen? Ich mag nicht daran glauben. Aber wahrscheinlich ist dieses Nicht-daran-glauben-Wollen auch nur ein weiterer Schutzmechanismus.

Was ist mit meinen guten Gefühlen, mit meinem Gefühl, dass ich mit keinem anderen Menschen auf dieser Welt tauschen möchte? Mit meinem Gefühl, dass ich, wenn ich mein Potenzial ausleben würde, ein durchaus gutes Leben leben würde? Was ist mit der Tatsache, dass ich mich attraktiv finde, dass ich mich für intelligent halte? Soll das alles nicht existent sein? Kann es wirklich sein, dass mein ganzes ICH nur auf dieser Welt ist, um die potenzielle Psychose meiner Mutter in Schach zu halten? Sind all diese Schuldgefühle und Ängste unüberwindbar?

Ich denke, Wahrheit befreit – egal, wie sie aussieht.

Ein Freund sagt: „Warum hast du kein Mitgefühl mit dir? Mach mich glücklich, lebe dein Leben ...“

> Indem das Ersatzkind sich bewusst wird über sein Schicksal, können wir den Weg öffnen für die Erfahrung von Mitgefühl mit sich selbst und anderen, und somit den Weg finden heraus aus der unbewussten Überlebensschuld und hinein ins eigene Leben.[35]

Welchen Namen würde ich mir geben? Johanna! Mir gefällt mein Name sehr, ich finde, er passt zu mir. Wie würde ich mich noch nennen?! Die kastrierte Tochter, die Verschleierte, die Verkannte, die Unsichtbare, die Erbärmliche, die nirgends dazu Gehörende, die Einsame.

Ich verschleiere mich auch in meinem Beruf als OP-Schwester. Ich verdecke mein Aussehen und mein Wesen. Wie sieht mein Wesen aus, ich weiß es nicht, ich kenne mich nicht sehr gut, weiß nicht, was gut ist für mich.

> Ich habe das Schweigen über die grundlegenden Dinge in der Familie immer als großes Unglück gesehen und empfinde dieses mir natürlich auch anerzogene Schweigen als einen Fehler, den ich selbst in meinem Leben nicht machen möchte – wie ich überhaupt glaube, das alles Unglück im Leben immer aus dem Schweigen kommt, nie aus dem Reden.[36]

---

35 Schellinski, 2007, S. 24.

36 Axel Hacke, Giovanni di Lorenzo: „Wofür stehst du?“, KiWi, 2011, S. 68.

Ich habe so geweint, als ich diese Zeilen gelesen habe. Egal, was ich meine Mutter frage, ich muss aufhören, denn sie hält es nicht aus, über Emotionen zu sprechen. Mutter ist immer so unerträglich weit weg. Ich hasse dieses Schweigen so sehr und merke aber, dass auch ich in dieses Schweigen verfalle, in diese Unfähigkeit, sich auszutauschen.

Zwölftes Kapitel

Ich sitze mit meiner Mutter im Auto. Tagelang habe ich überlegt, wie ich ihr vermitteln kann, dass ich für zwei Wochen zu Frau Schellinski in die Schweiz fahren werde. Wie würde sie reagieren? Kind, du bist verrückt, so weit weg, was soll das bringen usw. Und was sagt sie? „Das kostet doch bestimmt viel Geld?!“ Ich: „Ja, aber die Krankenkasse übernimmt einen Teil für die Therapiestunden.“

Und dann: NICHTS. Keine Vorwürfe, keine Fragen. Nur dieser befreiende Satz: „Und was die Krankenkasse nicht bezahlt, zahle ich.“ Wie beschreibt man ein Gewitter ohne Donnerschlag und Blitz? In diesem Moment hat sie mir mit diesem einen Satz gesagt: Ich weiß, dass ich dir diese Last auferlegt habe. Später sagte sie dann noch: „Das Beste wäre es, du würdest mich mitnehmen zu dieser Frau in die Schweiz.“ Und da habe ich gespürt, sie hat Gefühl und sie weiß ob der Probleme in der Familie und sie wollte

sich ändern, wenn sie gekonnt hätte, wenn sie Hilfe erfahren hätte.
Aus der Schweiz hat sie mich angerufen und sie wünschte mir: „Erhole dich gut.“ Für andere Töchter mag so ein Satz ihrer Mutter normal sein. Unsere Mutter musste sich sehr sicher fühlen, um so tief in sich gehen zu dürfen, um so etwas zu spüren und auszusprechen. In der Tiefe ihrer Seele war zu viel Schmerz, zu viel Trauer. Dieses Gebiet durfte sie normalerweise nicht betreten. Aber ich denke, die gute Energie von Frau Schellinski hat sie erreicht.

Ich habe die Therapiestunden bei Frau Schellinski als unheimliche Anerkennung und Bestärkung empfunden. Die Zeit war sehr intensiv, sehr anstrengend, mit vielen, sehr intensiven nächtlichen Träumen und Tränen verbunden. In Kombination mit einer Verhaltenstherapie, die ich zu Hause begonnen hatte, hatte ich endlich die Kraft und den Mut gefunden, mich nach zwei Jahren wieder um Arbeit zu kümmern. Mutter lag im Krankenhaus und ich erzählte ihr, dass ich ein Vorstellungsgespräch hätte zur Betreuung von Flüchtlingskindern. Sie meinte nur: „Die nehmen dich schon. Warum sollten sie dich nicht nehmen?“ Kein „Das kannst du nicht! Das ist verrückt! Das überfordert dich!“

Ich sagte ihr, dass ich nach diesem Termin zu ihr käme. Sie erwiderte nur: „Geh!“ Am nächsten Morgen hatte ich das Telefon aus während des Vorstellungsgespräches zwischen acht und neun Uhr. In dieser Stunde ist sie gegangen, 89 Jahre alt, allein und für sich, so wie sie ihr ganzes Leben gelebt hat: allein und für sich.

Liebe Frau Schellinski,
ich denke, ein Orkan tobt in mir und kommt doch nicht raus. Ich glaube, es ist zu viel, was sich da im Laufe der Jahrzehnte angestaut hat. Dazu kommt das wirklich schlechte Gewissen, dass ich unfair war zu meiner Mutter, sie immer wieder provoziert habe, bis an den Rand ihrer körperlichen Erschöpfung. Ich wollte bis zu ihrem Ende, dass sie aufwacht aus ihrer Lethargie. Jedem anderen wäre ich schneller zu Hilfe geeilt, ich war oft wie erstarrt. Einmal war ich auch wieder sehr ungehalten beim Schuhe-Anziehen, da ist mir der Satz herausgerutscht: „Wenn es nicht immer schon so gewesen wäre.“ Ich meinte damit ihre körperliche Unbeholfenheit, auch in ihren jungen Jahren. Nie konnte sie mit Messer und Gabel essen, nie eine Karte schreiben, nie eine Schleife binden. Ich konnte nicht unterscheiden, was ist früher und was ist die alte gebrechliche Frau. Das kann ich mir nur schwer verzeihen.

Liebe Frau Glaser,
ich lese Ihre Zeilen und ich denke mir, Sie sind in einem Trauerprozess. Der umso schwerer ist, als Sie so lange sich um der Mutter ihre Liebe bemüht haben. Bitte kehren Sie es nicht gegen sich. Gott wird es richten – es verzeihen, es verstehen. Und vielleicht hat sogar Ihre Mutter es – unbewusst – wohl verstanden. Lassen Sie sich gut begleiten, schauen Sie, ob Sie vielleicht wieder ins Kloster könnten? Ich weiß, die Gemeinschaft in Grandchamp betet für Sie. Tod und all das, was uns zwischen Himmel und Erde erfasst und ergreift, ist am besten im Geiste – im Geiste Gottes aufgehoben. Ich denke an Sie. Sie werden es schaffen.
Ihre Kristina Schellinski

Dreizehntes Kapitel

> Gott tut nicht zweimal das gleiche Ding, sagt Rabbi Nachman von Bratzlaw. Einzig und einmalig ist das Seiende. Neu und ungewesen taucht es aus der Flut der Wiederkünfte auf, geschehen und unwiederholbar taucht es in sie zurück […].
> So ist die Einzigkeit das wesentliche Gut des Menschen, das ihm gegeben ist, es zu entfalten [...]. Jedermann soll wissen und bedenken, dass er in der Welt einzig ist in seiner Beschaffenheit, und kein ihm Gleicher war je im Leben, denn wäre je ein ihm Gleicher gewesen, dann brauchte er nicht zu sein […]. Nur aus seiner eigenen Art, aus keiner fremden, kann sich der Strebende vollenden. […]. Denn je einziger einer in Wahrheit ist, desto mehr kann er den anderen geben, und desto mehr will er ihnen geben […].[37]

Du hast genug gelitten, hattest genug Schmerzen. Dein Leben ist vorbei, es beginnt ein neues. Verabschiede dich. Niemand braucht dich mehr. Ruhe dich aus.

Und du andere, stricke dein Leben nach einem neuen Muster. Du weißt, wie es funktioniert, du hast lange genug geübt und dich dabei mit guten Menschen umgeben. Zeige ihnen, was du kannst und wer du bist, sie werden staunen.

---

[37] Martin Buber, „Die Legende des Baalschem“, Manesse-Verlag, 2005, S. 58-60.

Initiale

Gib deine Schönheit immer hin,
ohne Rechnen und Reden.
Du schweigst, sie sagt für dich:
Ich bin.
Und kommt in tausendfachem Sinn,
kommt endlich über jeden.[38]

Vierzehntes Kapitel

Sie werden sich freuen, erst werden sie erstaunt sein, aber dann werden sie sich freuen, über Johanna, wie sie wirklich ist. Wenn sie sich nicht freuen können, lass sie ziehen. Lass sie ziehen, ohne dich umzudrehen, sie brauchen dich nicht und du brauchst sie nicht. Wie in dem Märchen von diesem Mädchen:

> Sie lebte hoch oben in einem Turm. Von dort aus konnte sie alles sehen … das Meer, dessen Wogen sie ängstigten, die vielen Schiffe, die das Meer befuhren, und das Land, welches in der Ferne lag. Esther erlebte in ihrem Turm einen Tag wie den anderen … aufstehen, arbeiten, essen, schlafen … Eines Tages fragte sie sich: So viele Tage lebe ich nun schon in diesem Turm, aber ist das wirklich Leben? ... Warum bin ich so müde – fühle mich mehr tot als lebendig – ohne Beziehung? Während sie grübelte, kam plötzlich eine Taube an ihr Fenster geflogen: „Esther, warum gehst du nicht in das Land, das du seit Jahren aus der Ferne siehst?!“

[38] Rainer Maria Rilke, „Das Buch der Bilder“, Insel-Verlag, 1973.

> „Ich habe Angst, Taube, dort gibt es Riesen. Riesen, die mich vernichten könnten, wenn sie mich in meinem Kleinsein nicht beachten. Und wie soll ich außerdem über das Wasser kommen? Es hat viele Untiefen, es macht mir Angst.“ „Esther, wenn deine Sehnsucht nach diesem Land und das Vertrauen in deine Kraft, die in deinem Herzen lebendig ist, groß genug sind, dann werden die Wogen sich legen, die du so mächtig erlebst, und der Wind wird die Richtung weisen, wenn du dich ihm anvertraust … Wenn du dich aufmachst, Esther, dieses Land zu durchqueren, wirst du eines Tages auf eine Höhle stoßen, in der ein Schatz verborgen ist. Wenn du ihn findest, wird er dich lehren, lebendig zu sein. Ja, er wird dich lehren, was es heißt, in Freiheit zu leben. Ist das nicht deine tiefste Sehnsucht, dein innigster Wunsch, Esther?[39]

Ich lebe noch immer in diesem Turm, bin oft fern von meinem wahren Wesenskern, aber es öffnen sich immer mehr Fenster und Türen. Lange Zeit habe ich gedacht, wenn ich mich nur genügend anstrenge, die richtige Methode, den richtigen Therapeuten finde, wache ich eines Tages auf und bin wie die anderen, die sogenannten Normalen. Das glaube ich heute nicht mehr. Es wird nie ein Leben sein wie bei jemandem, der die Bedingungen eines Ersatzkindes nicht erfahren hat.

---

[39] Anselm Grün, Maria-M. Robben, „Finde deine Lebensspur. Die Wunden der Kindheit heilen – psychologische und spirituelle Impulse“, Herder, 2020, S. 80f.

Vielleicht werde ich zeit meines Lebens diesen Turm nicht komplett verlassen können. Aber ich kann diesen Turm schön gestalten, mir ein gutes, stabiles Boot zulegen und mich immer öfter auf den Weg zur Schatzhöhle machen. Ich kann dann aber auch immer wieder übers Wasser in den Turm zurückkehren, um mich zu erholen und um geschützt zu sein. Ersatzkind zu sein, hat auch etwas Besonderes, etwas Tiefes, wie Jörg in seinem Brief schreibt, und ganz bestimmt etwas Kreatives.

Primo Levi schreibt in „Ist das ein Mensch?“: „Und was man nicht verstehen kann, bildet eine schmerzhafte Leere, ist ein Stachel, ein dauernder Drang, der Erfüllung fordert.“[40] Durch die Auseinandersetzung mit dem Thema des Ersatzkindes habe ich meinem bisherigen Leben einen Sinn gegeben, beziehungsweise habe ich endlich den Sinn darin erkannt, und das empfinde ich als sehr tröstlich, versöhnend, bereichernd und lebensspendend. „Der Glaube an den Sinn des Lebens ist in jeder Faser des Menschen verwurzelt, ist ein Wesenszug der menschlichen Natur.“[41]

Ich habe Zusammenhänge verstanden, habe verstanden, wie Geschehnisse sinnhaft ineinandergreifen. Habe mich aus diesem Fremden, das mir einst übergestülpt wurde, befreit. Auf meinem Weg bin ich herausgetreten aus der Rolle eines „Ersatzes“ und habe mich auf den Weg zum eigenen Selbst gemacht.

Ich denke, ich habe es zu einem großen Teil geschafft, mich nicht mehr mit der Rolle des Ersatzkindes zu identifizieren. Ich habe diese Prägung des Ersatzkindes, aber es ist nur ein Aspekt von mir, es macht nicht mehr aus. Ich

---

[40] Primo Levi, „Ist das ein Mensch?“, dtv, 2010, S. 7.
[41] Levi, 2010, S. 68.

habe den Schutt zur Seite geräumt und habe Johanna gefunden. Ich habe mich versöhnt mit meinen Eltern. Ja, sie haben versagt als Eltern, aber es waren gute Menschen, die uns Geschwistern sehr viel mitgegeben haben, allen vieren, Josef, Alfred, Gertraud und mir. Sie haben uns differenziertes Denken, Tatkräftigkeit, Kraft und Verantwortungsgefühl, auch für andere Menschen, vorgelebt.

Das Leben hatte den Eltern viel zugemutet: Der Vater, der als junger, unschuldiger 18-Jähriger in den Zweiten Weltkrieg ziehen musste und wie so viele andere körperlich und seelisch verwundet zurückkehrte. Nichts konnte er loswerden von seiner Pein: „Keiner wollte dir zuhören, die Leute waren am Wiederaufbau interessiert, nicht, wie sie selbst sagten, an vergangenen Kriegsgeschichten." Er musste seinen toten Bruder ersetzen, zeit seines Lebens Arbeit verrichten, für die er sich nie entschieden hatte. Sein Sohn, der auch Johann heißt, stirbt fast symbolhaft für das ungelebte, unlebbare Leben des Vaters mit nur fünf Jahren.

Die Mutter, die sich so schwertat, ihr Zuhause zu verlassen und eine eigene Familie zu gründen. Und dann sollte ihnen das Schicksal auch noch ein Kind entreißen. Die Menschen dieser Generation, besonders auf dem Land, hatten keine Möglichkeiten, sich mitzuteilen, sich auszutauschen über Krieg, Missbrauch, Emotionen. Sie waren gefangen in ihrer Zeit mit all ihren Problemen, hatten keine Bücher, keine Selbsthilfegruppen, keine Therapien, kein Internet – oder, wie unsere Mutter bemerkte: „Wir hatten noch nicht mal Worte für Dinge, über die ihr euch heutzutage austauschen könnt."

Es liegt an uns, mit all unseren Möglichkeiten zu versuchen, Kreisläufe über zum Teil mehrere Generationen hinweg zu unterbrechen und uns hin zu freien, bewussten und glücklichen Menschen weiterzuentwickeln und letztendlich damit einen Beitrag zu leisten für eine stabile, verantwortungsbewusste Gesellschaft.

Serdar Somuncu sagt in einem Interview in der ZEIT: „Wenn man die ganze Zeit so redet, dass man nicht verstanden werden kann, und einer versteht, was das soll, dann fühlt man sich wahrscheinlich besonders verstanden. Vielleicht sogar getröstet. Ein schönes Ende."[42]

Was für schöne Worte! Ich glaube, dem kann man auch bei der Thematik des Ersatzkindes nichts hinzufügen.

---

[42] Alard von Kittlitz, „Serdar Somuncu. Meint er das ernst?", 2017. Online unter https://www.zeit.de/2017/11/serdar-somuncu-die-partei-kanzlerkandidat-wahlkampf-kabarettist/komplettansicht (28.01.2021).

Danksagung

Von ganzem Herzen danke ich für ihre immerwährende, geduldige Unterstützung:

Kristina Schellinski, Lehranalytikerin und Supervisorin, Genf, Schweiz;

Dr. Maria Domes, Hausärztin und Psychotherapeutin in Passau;

Claudia Schneider de Assis, Körpertherapeutin in München;

Ines Spieker und Marianne Günther, den Lektorinnen,

und

Roberto Saviano, weil der Mut, meine Zeilen zu veröffentlichen, mich verlassen hatte. Dann aber habe ich „Die Schönheit und die Hölle" gelesen und mein Mut kehrte zurück!

Johanna Glaser, 2021

Maria Becker

Ein Elefant verschwindet

Ein anonymer Bericht

2020 | 140 Seiten | 14,00 € (D)
ISBN: 978-3-944442-63-1

Das Verhältnis zwischen Maria Becker und ihrer Mutter war seit ihrer Kindheit schwierig. Die Krebsdiagnose und der Tod der Mutter stürzen die erwachsene Maria Becker in heftige psychische Krisen. Zu krass die Erkenntnis, dass sie nie in ihrem Leben die Liebe der Mutter erhalten hat, nach der sie sich so sehnte. Auf dem mühsamen Weg der Aufarbeitung der familiären Vergangenheit erfährt Maria Becker von der mutmaßlichen Borderline-Persönlichkeitsstörung ihrer Mutter. Sie findet Hilfe, Erklärungen und Erkenntnisse in Therapien, Vorträgen, Filmen und Büchern, die ihr wie Landkarten Orientierung auf ihrem Heilungsweg geben. Das authentisch geschriebene Buch ist damit nicht nur ein Zeugnis, sondern - im besten Fall - auch eine Orientierungshilfe für andere betroffene erwachsene Kinder.

Reni Wagner

Neben der Realität

Weiblich, 31, ein Kind ... und dann paranoide Schizophrenie

2019 | 92 Seiten | 12,00 € (D)
ISBN: 978-3-944442-91-4

Selten geben Menschen mit Schizophrenie Einblick in ihr Leben, ihr Fühlen und Denken. Reni Wagner ist Anfang 30, in einer glücklichen Beziehung und Mutter einer sechs Monate alten Tochter, als die Krankheit plötzlich bei ihr ausbricht. Es dauert, bis sie und ihr Partner akzeptieren, dass das Leben vor der Erkrankung vorbei ist und nur Medikamente helfen, die Schizophrenie in Schach zu halten. Scham und Schuldgefühle bei den Erkrankten und zu geringes Wissen in der Gesellschaft verhindern oft, das an Schizophrenie Erkrankte offen mit ihrer Erkrankung umgehen können. Dieses Buch möchte ein bisschen zur Enttabuisierung beitragen.

Feny Finnegan

Im Land der Schneekönigin

Nach dem Leben mit einer Borderline-Mutter

2016 | 132 Seiten | 15,00 € (D)
ISBN: 978-3-944442-50-1

Im Rahmen ihrer Ausbildung realisiert die Autorin, dass ihre Mutter an der Persönlichkeitsstörung Borderline leidet. Die Mutter verhielt sich gegenüber ihren zehn Kindern gewalttätig, hassend, egoistisch, abwertend, lieblos und manipulativ. Die Kindheit und Jugend der Autorin war dadurch für sie völlig verwirrend und chaotisch. Die Tragweite dieser traumatischen Sozialisierung reicht bis ins Erwachsenenalter der Autorin hinein.

Heike Arendt

Wie ich dazu kam, meiner Mutter den Tod zu wünschen

2016 | 192 Seiten | 20,00 € (D)
ISBN: 978-3-944442-49-5

Heike Arendt schildert das Schicksal eines Mädchens, welches in einer nach außen hin völlig normalen Familie aufwächst. Beide Eltern sind Akademiker. Die Mutter leitet eine erfolgreiche Kanzlei. Dass der Vater von russischen Spionen verfolgt wird und die Mutter nicht weiß, wie man eine Mutter ist, ahnt niemand. Vergeblich versucht das Mädchen, die Außenwelt auf seine familiären Missstände aufmerksam zu machen. Mit Intellekt und Resilienz gelingt es dem Mädchen, den Mangel an Liebe und Zuwendung zu kompensieren. Erst als es sich traut, seine wahren Gefühle zuzulassen und ernst zu nehmen, fängt es an, sein eigenes Leben zu leben.

Rund 30 Töchter zwischen 19 und 62 Jahren beschreiben ihr Leben, das durch ihre Mütter, die an der Borderline-Persönlichkeitsstörung erkrankt sind, wesentlich geprägt wurde. Ein Tabu-Thema: Alle Töchter erlebten psychische Gewalt, viele von ihnen körperliche Gewalt und manche sexuelle Gewalt durch ihre Mütter! Die Mütter sind an Borderline erkrankt, weil sie in ihrer eigenen Kindheit oder Jugend durch emotionale Vernachlässigung, körperliche, sexuelle und/oder psychische Gewalt, durch Verlusterfahrungen, Flucht und/oder Krieg traumatisiert worden sind. Diese, von ihnen unbearbeiteten, Traumata haben Auswirkungen auf ihr eigenes Leben und das ihrer Kinder und Enkelkinder. In der Gesellschaft und in psychiatrisch-therapeutischen Kontexten gehören die Töchter und Söhne auch heute noch zu den "übersehenen" Kindern psychisch kranker Eltern(teile).

Jana Reich (Hg.)

Übersehene Kinder

Biografien erwachsener Töchter von Borderline-Müttern

2014 | 548 Seiten | 34,80 € (D)
ISBN: 978-3-944442-99-0

Der Sammelband soll die Borderline-Persönlichkeitsstörung und ihre Erscheinungsformen als Trauma-Folgeerkrankung bekannter machen, die Folgen einer Sozialisierung durch Mütter mit Borderline verdeutlichen, die Co-Abhängigkeit bzw. Abwesenheit der Väter aufzeigen und für die - oft schwere - Situation der Kinder von Borderlinern sensibilisieren. Zugleich werden frauenfeindliche gesellschaftliche Strukturen und Mechanismen sowie ihre Auswirkungen auf die Biografien der Mütter und der Töchter deutlich. Die Autorinnen hoffen, dass, ausgehend von den dargestellten Erfahrungen und den daraus gewonnenen Erkenntnissen, die transgenerationale Weitergabe von Traumatisierungserfahrungen in jetzigen und zukünftigen Familien wenigstens abgemildert werden kann. Im Praxisteil stellt Psychologin Marianne Styger hierfür Ideen zur "Frühen Hilfe" für Borderline-Mütter und ihre Kinder vor.